AF307527

Hugo Mennemann

Identität
und Disziplintheorien
der Sozialen Arbeit

 Nomos

Onlineversion
Nomos eLibrary

Die Deutsche Nationalbibliothek verzeichnet diese Publikation in der Deutschen Nationalbibliografie; detaillierte bibliografische Daten sind im Internet über http://dnb.d-nb.de abrufbar.

ISBN 978-3-7560-1424-8 (Print)
ISBN 978-3-7489-1963-6 (ePDF)

1. Auflage 2023

Inhalt

1. Einleitung –Theorien Sozialer Arbeit erzeugen Lebendigkeit

Zusammenfassung

Das vorliegende Buch will vor allem zum weiteren Selbststudium anregen, indem das Verständnis, die Bedeutung und die vorliegende Vielfältigkeit von Disziplintheorien der Sozialen Arbeit deutlich werden und ein Identitätskern zur Diskussion gestellt wird. Dazu werden im zweiten Kapitel Begriffsklärungen, Reichweiten und Ebenen, Funktionen, Bestandteile von Disziplintheorien sowie die Bedeutung bezugswissenschaftlicher Theorien erläutert. Im dritten Kapitel werden zunächst Fragen nach einem Kanon und Strukturierungsmöglichkeiten von Disziplintheorien beantwortet. Im Anschluss wird im Zentrum die Vielfalt der Disziplintheorien in mehreren Schritten dargestellt: Einige Theorien werden ausführlicher beschreiben, andere werden nur kurz benannt. Zudem werden unterschiedliche Systematiken und Kompendien empfohlen. Mittlerweile gibt es einige Überblicksbücher, die erste Einblicke und vergleichende Zugänge erlauben sowie Hinweise auf weiterführende Primär- und Sekundärliteratur geben. Im vierten Kapitel werden gemeinsame Inhalte und Charakteristika von Disziplintheorien der Sozialen Arbeit herausgestellt und schließlich werden ein möglicher Weg und ein Identitätskern der Sozialen Arbeit mit Hilfe der Metapher „teilhabeorientierte Begegnungsraumgestaltung in psychosozialer Hinsicht" bestimmt. Dieser Metapher können alle Disziplintheorien zugeordnet werden.

(Alltags-)Theorien sind der Zugang von Menschen zu der sie umgebenden Welt, die stets komplexer bleibt, als sie sie begreifen können. Angeeignete Theorien, die wir verinnerlicht haben, verändern uns und machen uns lebendiger. Sie eröffnen neue Zugangswege zu uns und zu unserer Wahrnehmung, in dem wir unsere Grundeinstellung, d.h. unsere Haltung zur Welt, darauf aufbauend unsere Wahrnehmung und schließlich unser Handeln berühren lassen und in Veränderung bringen. Diese Bewegung meint das Wort „Bildung" (s. ausführlicher https://yout u.be/7d4K_YnRHJ0). „Bildunga" aus dem Althochdeutschen meint, sich ein Bild zu machen von der Wirklichkeit. Und „theoria" aus dem Griechischen bezeichnet gemäß des Wortsinns eine Anschauung von Wirklichkeit (vgl. Schwabe 2023, o.S.). Theorien und Bildung bezeichnen ein stetiges Wechselverhältnis zwischen einer Person, dem lateinischen Wortsinn nach einem Menschen mit spezifischen Eigenschaften, und der diese Person umgebenden Welt. Theorien werden in uns lebendig, wenn wir unsere Haltung, unsere Wahrnehmung und in der Folge unser Verhalten durch Erfahrung und auch durch die Aneignung von Theorien verändern. Wir alle haben notwendig Anschauungen von der Wirklichkeit. Die grundsätzliche Frage, ob Theorien relevant und notwendig sind, stellt sich nicht. Vielmehr ist relevant, welchen Theorien und Selbstverständlichkeiten wir folgen.

Spätestens seit Daniel Kahnemans Buch: Schnelles Denken, langsames Denken ((13)2011) ist bekannt, dass wir Menschen auch wider besseres Wissen, also gegen die Vernunft, Lösungen finden. Wir bestätigen lieber unsere (falschen) Vorannahmen, anstatt uns mühsam empirischen Daten und anderen Theorien zuzuwenden. Wir folgen in der Regel unseren aus der Erfahrung und über Meinungen angeeigneten Alltagstheorien.

Wissenschaftliche Theorien sind anstrengend: Sie nehmen uns gedanklich mit in die uns anschaulich und begrifflich oftmals fremde Welt des Verstehens der Schreibenden und bauen auf definierte Fachbegriffe auf, die in einem komplexen wissenschaftlichen Theoriegebäude verortet sind. Es ist leichter, sich die Begriffe „lebensweltorientiert" oder „ganzheitlich" aus der eigenen Anschauung zu erklären, anstatt sie theoretisch bei Husserl oder Hegel zu verorten, um sie aus diesen Theorien heraus anders als bisher zu verstehen. Allerdings erwachsen die Veränderungskraft und Lebendigkeit der Theorien aus der Anstrengung der aneignenden Auseinandersetzung, nicht aus der schnellen Bestätigung des eigenen Denkens und einer oberflächlichen Beschreibung. Dann bleiben die Begriffe im interprofessionellen Kontext und Dialog „zahnlos", ja sogar fast bedeutungslos. Demgegenüber bieten wissenschaftliche Theorien aufgrund der Definition von Begriffen und der Verortung im Kontext bisherigen Wissens Präzision und sprachliche Verlässlichkeit.

In einer Zeit des überall zugänglichen Wissens sowie der medial schnell gesetzten Anreize stellen andauernde Prozesse des Nachdenkens, des Ringens und des verstehen Wollens sowie der damit einhergehenden Veränderung einen Kontrapunkt dar. Mitunter hat es den Anschein, dass weniger die Aneignung von Wissen als vielmehr die geschickte Ordnung des schnellen Zugangs zum Wissen gefragt sind. Das ist für die Profession der Sozialen Arbeit nicht ohne Bedeutung, weil soziale Begegnung mit der eigenen Haltung und Wahrnehmung von sich und dem anderen Menschen beginnt. Auch eine vorschnelle Orientierung an Prüfungsanforderungen ist nicht hilfreich, wenn offenes Suchen und Diskutieren erforderlich sind, um sich Inhalte in der Tiefe anzueignen.

Abstrakte Theorien sind nicht bei allen beliebt. Sandermann und Neumann stellen zunächst die These auf, „dass Theorien der Sozialen Arbeit, wie sie sich vor allem in ihrer ‚großen Zeit' der 1980er und 1990er entwickelt haben, wenig zeitgemäß sind" ((2)2022, 15). Allerdings enden sie ihre Überlegungen begründet mit der Notwendigkeit von „Großtheorien der Sozialen Arbeit ... auch in Zukunft ..., um Vorstellungen von Sozialer Arbeit auf den Begriff zu bringen" ((2)2022, 216). Disziplintheorien Sozialer Arbeit, so Sandermann und Neumann, entwickeln und verändern sich. Die neueren handlungsfeldübergreifenden Groß- oder Disziplintheorien weisen eine höhere empirische Anschlussfähigkeit auf und sie sind bzgl. ihres Anspruchs bescheidener. Die Autor:innen gehen davon aus, lediglich einen möglichen Zugang zur Wirklichkeit und Handlungsoptionen aufzuzeigen.

Soziales Miteinander ist uns als Menschen vertraut. Wir haben ein im Alltag mehr oder weniger gelingendes Verständnis von uns, der sozialen Wirklichkeit und dem Handeln im sozialen Kontext. Wissenschaftliche Theorien über soziales Handeln schaffen stets zunächst eine Distanz, sie helfen zu verstehen bzw. zu betrachten. Theoretisch Denkende stehen außerhalb der Unmittelbarkeit des Fühlens und Agierens. Man könnte auch etwas pointierter sagen: Sie sind nicht ungefährlich für den eigenen Alltag. In der Anwendung der Theorien gehen wir tendenziell aus der gelebten Unmittelbarkeit heraus. Soziale Arbeit ist eine Kunstfertigkeit, die gezielt und bedacht angewandt werden sollte. Nach der Definition der internationalen Berufsvereinigung (IFSW: international federation of social work) und der (Hoch-)Schulen Sozialer Arbeit (IASSW: international assoziation of scholls of social work) ist Soziale Arbeit „praxisorientierte Profession und wissenschaftliche Disziplin" (DBSH 2014, o.S.). Gemäß dieser Definition nimmt Soziale Arbeit für sich in Anspruch, mit Hilfe von Theorien soziales Miteinander verlässlicher, präziser betrachten und darin mit Blick auf den Bedarf anderer Menschen handeln zu können. Das ist ein hoher Selbstanspruch.

Schließlich kann keine Theorie die Wirklichkeit in der gegebenen Komplexität wiedergeben (vgl. Blumenberg 2010, 157ff.). Je stärker wir zu Materie geronnene, besser greifbare und wahrnehmbare Energie beschreiben und erklären möchten, desto verlässlicher können Theorien sein. Je mehr der Gegenstand unserer Betrachtung in unplanbare Komplexität eingelassen ist, desto weniger verlässlich, präzise und vorhersehbar ist die Wirklichkeit mit Hilfe von Theorien. Komplexität meint dabei stets etwas Unplanbares, weil mehrere Faktoren zueinander in einer Art und Weise wirken, die nicht vorhergesehen werden kann. In Abgrenzung zur Komplexität meint der Begriff des Komplizierten etwas, was zwar grundsätzlich theoretisch lösbar, aber im Auge des Betrachtens schwierig und anstrengend ist (vgl. Brockmann 2021, 24). Dazu dürften beispielsweise für viele Menschen anspruchsvollere Mathematikaufgaben zählen: Sie sind kompliziert, aber lösbar. Soziales Miteinander ist an die zumindest relative, von Außen nicht vorherbestimmbare Freiheit der Interpretation und des handelnden Umgangs der Beteiligten gebunden. Das Zusammenwirken mehrerer Akteure ist komplex, je nach Rahmenbedingungen wenig bis gar nicht planbar. Wäre Erziehung oder Partnerschaft theoretisch planbar, bräuchten wir keine vielfältigen Theorien. Aber was bliebe den Menschen dann bzgl. ihrer Lebendigkeit?

Naturwissenschaften, die sich stärker der Materie zuwenden, fällt es leichter, zumindest scheinbar gültige Allgemeinregeln, Evidenz-basierte Ergebnisse zu präsentieren. Sozial- und Geisteswissenschaften bemühen sich forschend um Evidenz, aber soziales Miteinander und Lebendigkeit beinhalten stets Spannungsverhältnisse und Paradoxien. Neben dem Versuch, kritisch-rational valide Thesen über soziales Miteinander zu formulieren, treten notwendig dialektisches und systemisches Denken in der Sozialen Arbeit. Das macht Soziale Arbeit vielfaltig, spannend, attraktiv und zugleich zumindest scheinbar in den Ergebnissen unpräziser als Naturwissenschaften. Michael Winkler sieht angesichts der gesellschaftlichen Krisen und insbesondere der gesellschaftlichen Pandemie-Maßnahmen im Frühjahr 2020 das Nachdenken über menschliche Subjektivität wieder im Zentrum der Sozialpädagogik. Er folgert zurecht: „Das alte Thema der Sozialpädagogik ist wieder da, verbunden mit dem es früher auszeichnenden Zwang zu einem philosophischen Denken, das dialektisch angelegt ist und Hermeneutik verlangt" (2021, 315). Es geht um das Erkennen spannungsreicher, aufeinander bezogener Verhältnisse (Dialektik, s. hier auch vertiefend den Film: https://www.youtube.com/watch?v=ze-tZQcNzPQ) und um das Verstehen menschlicher Sinnzusammenhänge (Hermeneutik), weniger um Handeln auf der Grundlage empirisch ermittelter Kausalzusammenhänge. Mit dem Nobelpreisträger Ilya Prigogine kann allerdings gefragt werden, ob das newtonsche Schisma zwischen Natur- und Geisteswissenschaften nicht aufzuheben ist angesichts der Zeitparadoxie, der Quantenparadoxie und der kosmologischen Paradoxie (s. u.a.: https://www.youtube.com/watch? v=rnTHCfNTHoU). Dann reden wir nicht über absolute Gegensätze und Defizite von Disziplintheorien, sondern angesichts des „Gegenstands" über notwendig unterschiedliche erkenntnistheoretische Zugänge und Schwerpunktsetzungen.

Kurzum: Der Gegenstand der Disziplintheorien Sozialer Arbeit, nämlich Handeln im sozialen Miteinander, um Teilhabe zu ermöglichen, ist komplex. Das hat Auswirkungen auf die Disziplintheorien. Sie können nicht so exakt und präzise sein, wie wissenschaftliche Theorien anderer Disziplinen es vorgeben. Evidenzbasierung bleibt eine letztlich unerreichbare Zielperspektive, umso wichtiger sind empirische Bemühungen. Das gilt auch für andere Theoriebegriffe wie soziale Gerechtigkeit, soziale Teilhabe, Ganzheitlichkeit und viele mehr. Es bleibt eine Präzisionslücke zwischen Theorie, professionellem Handeln und sozialer Wirklichkeit.

Die Komplexität des Gegenstandes der Sozialen Arbeit, der Gestaltung sozialen Miteinanders, bringt es mit sich, dass Disziplintheorien Unterschiedliches fokussieren und beleuchten. Es gibt (derzeit) nicht die eine gültige Großtheorie Sozialer Arbeit. Eine einzig gültige den anderen Theorien übergeordnete Metatheorie Sozialer Arbeit ist angesichts der sich widersprechenden Zugangsmöglichkeiten (Erkenntnistheorien, Gesellschaftstheorien, Anthropologien) zu sozialer Wirklichkeit schwer denkbar. Stellen wir uns soziales Miteinander unter der Selbstbeteiligung Sozialarbeitender, die soziale Wirklichkeit erkennen und zugleich in ihr handeln wollen, bildlich vor, so betrachten wir unmittelbar den anderen Menschen, den bzw. die Sozialarbeitende:n und den gedanklichen Raum dazwischen, den beide Personen gestalten und auf den beide aneignend zugreifen können. Dabei ist der Prozess der Veränderung ebenso in den Blick zu nehmen wie die organisations- und gesellschaftsbezogenen Rahmenbedingungen. Eine nicht enden wollende Komplexität der aufeinander wirkenden Faktoren tut sich betrachtend auf. Zunächst empfiehlt sich angesichts der gegebenen Gegenstandskomplexität, nicht auf der Suche nach der einzig gültigen Theorie zu sein, sondern sich in einem ersten Zugang viele Theorien anzueignen und dann einen „Anker" in der Konkretisierung eines Zugangs zu „werfen", sich zu vertiefen und von hier ausgehend das theoretische Wissen zu erweitern.

Der Anspruch, sowohl die Breite der Disziplintheorien als auch zugleich ihre jeweilige Tiefe angemessen erläutern zu wollen, kann auch in den vorliegenden Ausführungen nicht eingelöst werden. Denn diese Ausführungen sind von vornherein begrenzt. Und schließlich ist von einer Heterogenität des Vorwissens von Lesenden auszugehen. Deswegen möchte diese Einführung in Disziplintheorien Sozialer Arbeit vor allem Interesse wecken, selber weiterzulesen, Theorien in sich lebendig werden zu lassen. Die vorliegenden Ausführungen stellen keinen vordefinierten, gerundeten Abschluss definierter Wissensinhalte dar, vielmehr folgen sie einer öffnenden Didaktik. Sie wollen Grundlagen legen und verweisen auf weitere Selbstbildungsmöglichkeiten.

Jede einzelne Disziplintheorie ist kein abgerundetes, in sich geschlossenes Ganzes, sondern ein an andere Theorien anschlussfähiger Kern, der bestimmte Perspektiven und Fachbegriffe ins Zentrum stellt. Die Theorien sind unterschiedlich interpretierbar und anwendbar. Es empfiehlt sich, über Theorien zu diskutieren, um die Reichweite des eigenen Verstehens und der Argumentation zu erfahren. Gedachtes ist nicht gleichzusetzen mit Verstandenem. Verstandenes ist nicht gleichzusetzen mit Gesprochenem. Und im Gespräch Formuliertes ist nicht gleichzusetzen mit Niedergeschriebenem.

Soziale Arbeit ist eine äußerst junge, im Werden begriffene Profession und Disziplin. Und die gesellschaftlichen Kontexte und primären Relevanzen Sozialer Arbeit verändern sich. Es braucht nachfolgende Generationen in der Sozialen Arbeit, die Theorien weiterdenken und neue entwickeln. So steigt der Grad unabhängiger Professionalität, die entsteht, wenn forschungs- und theoriebezogen begründet in der Praxis gehandelt wird.

Zweck des vorliegenden Textes ist es, in das Verständnis von Disziplintheorien einzuführen (Kap. 2), einen Überblick über die Vielfältigkeit der Disziplintheorien Sozialer Arbeit zu geben (Kap. 3), eine Bündelung der theoretischen Reflexionen über die Frage nach der Identität Sozialer Arbeit zu wagen und im Anschluss selber theoretische Grundlagen zu legen (Kap. 4). Abschließend werden kurze Hinweise zum weiteren Umgang mit Theorien Sozialer Arbeit formuliert (Kap. 5). Damit ist er hoffentlich vielen eine Anregung, selbst in kritischer, also dem griechischen Wortsinn nach für sich selbst unterscheidender Auseinandersetzung, mit den formulierten Inhalten weiterzudenken. Die Kapitel nähern sich aus unterschiedlichen Perspektiven einigen zentralen Aussagen zur Bedeutung und zu Inhalten von Theorien Sozialer Arbeit, so dass es zu Wiederholungen kommt, die bewusst beibehalten wurden. Neben drei unterschiedlichen Formen eines Überblicks über Theorien Sozialer Arbeit in Kap. 3 finden sich im Anhang Hinweise zu einer empfohlenen, kurzen Primärliteratur zum Einstieg in das vertiefende Selbststudium. In der zitierten Überblicksliteratur zu Theorien Sozialer Arbeit finden sich darüber hinaus weitere Primär- und Sekundärliteraturhinweise sowie zum Teil auch Steckbriefe zu den Theoretikerinnen und Theoretikern.

Reflexionsfragen:

Wie groß ist Ihre Bereitschaft, sich mit Disziplintheorien Sozialer Arbeit, die abstrahiert von konkreten Handlungsfeldern und -formen sind, zu beschäftigen? Woher kommt die große oder die mangelnde Bereitschaft, sich mit Disziplintheorien zu beschäftigen? Welche Bedeutung schreiben Sie Disziplintheorien zu? Welche Erwartungen haben Sie an Disziplintheorien?

2. Verständnis von (Disziplin-)Theorien

Zusammenfassung

Theorien, die sich dem Leben von Menschen in ihrem Alltag zuwenden, nähern sich einer Komplexität an, die weder abschließend formuliert noch professionell helfende Praxis festlegend gestaltet sein kann und darf. Das macht Disziplintheorien Sozialer Arbeit vielfältig, interessant sowie anstrengend und anspannend, wenn schnelle Lösungen erwartet werden. In dem folgenden Kapitel werden Grundlagen für ein Verständnis, Reichweiten, Funktionen und Bestandteile von Disziplintheorien gelegt. Zudem werden bezugswissenschaftliche Theorien als notwendiger Bestandteil der Disziplin und Profession Sozialer Arbeit eingeführt.

2.1 Begriffsklärungen (Definitionen) – wie lassen sich Theorien von Praxis sowie von Konzepten, Methoden und weiteren Inhalten abgrenzen?

Hans Blumenberg beginnt sein Buch „Paradigmen zu einer Metaphorologie", in dem er für die Bedeutung einer bildhaften Sprache in der Philosophie plädiert, mit den folgenden Sätzen: „Versuchen wir uns einmal vorzustellen, der Fortgang der neuzeitlichen Philosophie hätte sich nach dem methodischen Programm des *Descartes* vollzogen und wäre zu dem endgültigen Abschluß (sic!) gekommen, den Descartes durchaus für erreichbar hielt. Dieser für unsere Geschichtserfahrung nur noch hypothetische >Endzustand< der Philosophie wäre definiert durch die in den vier Regeln des cartesischen „Discours de la Méthode" angegebenen Kriterien, insbesondere durch die in der ersten Regel geforderte Klarheit und Bestimmtheit aller in Urteilen erfaßten (sic!) Gegebenheiten. Diesem Ideal voller Vergegenständlichung entspräche die Vollendung der Terminologie, die die Präsenz und Präzision der Gegebenheit in definierten Begriffen auffängt. In diesem Endzustand wäre die philosophische Sprache rein >begrifflich< im strengen Sinne: alles *kann* definiert werden, also *muß* (sic!) auch alles definiert werden, es gibt nichts logisch >Vorläufiges< mehr ..." ((6)2015, S. 7). Zum einen würde jedes Interesse an Geschichte verstummen und Vielfältigkeit und Lebendigkeit würden begrenzt. Zum anderen würde die bestehende Komplexität der Wirklichkeit unzulässig negiert. Denn, so bringt Blumenberg eine seiner Haupterkenntnisse auf einen Begriff, wir können uns dem „Absolutismus der Wirklichkeit" (Blumenberg 2010, 157ff.) weder aussetzen noch können wir ihn erfassen. Wirklichkeit ist stets komplexer als wir sie mit unserer Vernunft oder mit Hilfe von Theorien begreifen können, zumal unser Denken nicht ungebunden frei, sondern mit gesellschaftlichen Grundlagen verwoben ist. Blumenberg schlägt auch für die Wissenschaft relevant eine Arbeit mit Metaphern vor.

Angemessenes Erkennen komplexer Wirklichkeit

Demnach geht es angesichts des „Absolutismus der Wirklichkeit" (Blumenberg) weder um das Erfassen und die Definition von allem noch um Beliebigkeit und stete Selbstbestätigung der eigenen Vorannahmen ohne Beachtung empirischen Wissens und bewährter Theorien. Das Erkennen des Angemessenen ist das empirisch und theoretisch Geforderte für Verlässlichkeit in Komplexität. Sicherheit in theoretischer Flexibilität sorgt in professioneller Begegnung für Verlässlichkeit.

Erich Fromm beschreibt drei Filter unserer Wahrnehmung, die die Abhängigkeit des Denkens Einzelner von gesellschaftlichen Prozessen belegen: die Sprache, die Logik und gesellschaftliche Tabus (Fromm 1989 (1962), S. 115 f.). Erstens, so Fromm, gelangt in unser Bewusstsein von allen Wahrnehmungen und Gefühlen das, was wir in Sprache fassen können. Die Ausdrucksformen des Erlebten in Sprache sind jedoch je nach Muttersprache different. In der deutschen Sprache unterscheiden wir beispielsweise zwischen Erziehung und Bildung, demgegenüber meint education im Englischen beides. Das hat Konsequenzen für die Haltung, Wahrnehmung und das Handeln, weil Erziehung in unserer Vorstellung primär von den Erziehenden als Handlung ausgeht und Bildung im Handlungsvollzug auf Selbstbildung abzielt. In der westlichen Welt suchen wir zweitens in Anlehnung an Aristoteles – und dieser Logik folgt auch Descartes, der die Grundlagen rationalistischen Denkens formuliert hat – die Identifizierung zwischen Wort und Realität. Wissenschaft ist heute vorrangig um Evidenzbasierung bemüht. Dieser aristotelischen Logik stellt Fromm die paradoxe Logik gegenüber. Den meisten ist sie aus dem Bild von Ying und Yang anschaulich bekannt: der Kreis, in dem das Weiße fließend vom Schwarzen abgelöst wird, und bei dem der weiße Punkt im schwarzen und umgekehrt ist. Unterschiedliches – Weißes und Schwarzes – ist Unterschiedliches und zugleich Eines. Es kann gar nicht als Einzelnes identifiziert, sondern nur zusammen angemessen begriffen werden. Wir können einen Menschen zugleich lieben und hassen. Wir können sowohl Einzelnes als auch zugleich Einzelnes nur als Teil von Vielem begreifen. Paradoxes fällt uns in der westlichen Kultur schwer zu denken, geschweige denn wissenschaftlich zu begreifen, obwohl es möglicherweise soziale Wirklichkeit adäquater ausdrückt als identifizierendes Denken. In der westlichen Kultur sind wir auf uns, auf unsere Individualität bedacht. Doch Individualität ist aus der paradoxen Logik heraus betrachtet nicht Realität, weil sich der Mensch in seiner Gesamtheit nicht unabhängig von Geschichte und Gesellschaft denken lässt. Diese Aussage ist von unmittelbar praktischer Relevanz für Sozialarbeitende, die das Erleben und Verhalten anderer Menschen verstehen wollen. Und schließlich gibt es drittens gesellschaftliche Regeln, die den Rahmen erlaubten Denkens durch Verbote markieren. Fromm nennt das Beispiel eines Mantelverkäufers, der dem Kunden, der kein Geld hat, aber einen Mantel benötigt, den Mantel nach Vorgaben kapitalistischer Wirtschaftsregeln nicht schenken darf, obwohl er dies gemäß seiner Haltung und seiner Gefühle möchte. Er muss sich seine Gefühle und ethischen Überzeugungen im Zweifel sogar verbieten, sie verdrängen. Diese drei Filter belegen, so Fromm, die Abhängigkeit des Bewusstseins von gesellschaftlichen Vorgaben.

Die paradoxe Logik geht auf in dialektischem Erkennen von (sozialer) Wirklichkeit. Dialektik meint ein Vielfaches. Heraklit bezeichnet mit Dialektik das unaufhörliche Fließen des Lebendigen. Mit Platon wird mit Dialektik das Streben nach höheren Ideen in einem Widerstreit von Kräften - also im Sozialen: dem mäeutischen Dialog - bezeichnet. Und schließlich formulieren Hegel und Marx mit Dialektik ein idealistisches (als „Motor" und Zielperspektive nimmt Hegel einen „Weltgeist" an) oder materialistisches Gesellschaftsprinzip (Motor der Entwicklung sind nach Marx Klassengegensätze, die zu Revolutionen führen) (zum Begriff der Dialektik s. ausführlicher: https://youtu.be/ze-tZQcNzPQ). Die Grundform des dialektischen Erkennens lässt sich beschreiben mit: These – Antithese – Synthese. Auf soziales Miteinander im professionellen Kontext Sozialer Arbeit angewandt, treffen zwei Personen aufeinander, eine Person mit Unterstützungsbedarf (These) und eine Sozialarbeitende bzw. ein Sozialarbeitender (Antithese). Diese bilden zwischen sich einen (Gedanken-)Raum (Synthese), den beide gestalten, in dem sie sich entwickelnd auf ihre Haltungen und Perspektiven zubewegen können und auf den sie beide aneignend und sich verändernd zugreifen können. Der Raum ist dabei mehr als Sprache, er beinhaltet im weitesten Sinne kulturelle Vorgaben und er ist zudem angereichert mit den Personen. These (Person mit Unterstützungsbedarf) und Antithese (Sozialarbeitende:r) gehen nicht ineinander auf. Aber sie beziehen sich in dem Moment der Begegnung aufeinander und geben sich die Möglichkeit der Veränderung. Das Modell macht schnell deutlich, dass für die Veränderung jede Person einzeln letztverantwortlich ist. Präziser und „schärfer" formuliert kann nur jede Person sich selbst verändern bzw. bilden. Das gilt sogar in Extremsituationen des Zwangs, wie Viktor Frankl mit Blick auf seine Erfahrungen im Konzentrationslager und die von ihm entwickelte Logotherapie herausstellt (vgl. Frankl 2015).

> **Identifizierendes Denken und dialektisches oder systemisches Verstehen**
>
> Es lässt sich festhalten, dass im Kern zumindest nicht nur identifizierendes Denken, sondern eine paradoxe Logik und in der Folge dialektisches oder systemisches Verstehen - also ein Begreifen von Wirklichkeit in historischen und sozialen Bezogenheiten oder sogar Abhängigkeiten - eine adäquate Möglichkeit darstellen, soziales Handeln zu begreifen. Der Mensch ist weder ohne Geschichte noch ohne sozialen bzw. gesellschaftlichen Raum denkbar und der Raum ist stets ein personenbezogen (unterschiedlich) begriffener. Diese Logik und dieses Verstehen haben Konsequenzen für das Theorieverständnis und die Theoriebegriffe der Sozialen Arbeit.

Mit dem Bezug auf Blumenberg in Abgrenzung zu Descartes sowie mit der Hinzunahme von Fromm werden mehrere erkenntnistheoretische Konflikte aufgemacht. Sie seien kurz erläutert, damit die Lesenden sich in einem tieferen Verstehen eine eigene Meinung bilden können (s. ausführlicher Mennemann/Dummann 2022, Kap. B, I+II). Im Positivismusstreit in den 60er Jahren (Adorno u.a. 1972) stritten Vertreter:innen des Kritischen Rationalismus mit denen der Kritischen Theorie. Mit Hilfe des Kritischen Rationalismus werden kausale Verhältnisse zwischen Thesen und Wirklichkeit angenommen und hergestellt. Mittels präziser empirischer Regeln - Objektivität (personenunabhängige Ergebniserzielung), Reliabilität (Messgenauigkeit) und Validität (Gültigkeit der Ergebnisse innerhalb der Stichprobe (intern) und darüber hinaus (extern)) - soll Wirklichkeit möglichst verlässlich, idealerweise evident abgebildet werden. Das von dem rationalen Wissen und den Thesen ableitende (Deduktion) bzw. Bezug nehmende Denken auf Wirklichkeit findet sich auch im klassischen Rationalismus bei Descartes. Ging Descartes noch davon aus, dass Wahrheitssätze möglich seien (Prinzip der Verifikation), so geht der Kritische Rationalismus davon aus, dass nur Thesen formuliert werden können, die bis zu ihrer Widerlegung eine Gültigkeit haben (Prinzip der Falsifikation). Dem Kritischen Rationalismus geht es um möglichst präzise, exakte Aussagen, die idealerweise eine empirisch nachweisbare Evidenz haben und damit weitestgehende Erkennens- und Handlungssicherheit gewähren. Die Kritische Theorie hingegen bezieht stets die Geschichte (Historizität) und die gesellschaftlichen Verhältnisse (Dialektik) in die Betrachtung des Untersuchungsgegenstandes mit ein. Sie erachtet das Herauslösen einzelner empirisch untersuchter Aspekte aus historischen und gesellschaftlichen Zusammenhängen als enzyklopädistisches, immer kleinteiligeres Vorgehen, das nicht zu gültigen Aussagen führt, da die zu einem angemessenen Verstehen notwendig einzubeziehenden historischen (bildlich beschrieben die vertikale Dimension) und gesellschaftlichen Kontexte (bildlich beschrieben die horizontale Dimension) nicht strukturell einbezogen werden. Kritisch rational kann soziales Verhalten einer bestimmten Gruppe von Personen mit Unterstützungsbedarf isoliert betrachtet werden, kritisch theoretisch würde es in den gesellschaftlichen Kontext sowie in historische Prozesse hineingestellt. Beide Zugangsweisen haben eine Relevanz für Soziale Arbeit. Jedoch sollte die mit Blick auf die zugrunde gelegte Erkenntnistheorie begrenzte Aussagekraft der erzielten Ergebnisse mitgedacht werden.

Mit Blumenberg nehmen wir eine sozialphänomenologische Sicht entgegen dem rationalistischen, identifizierenden Denken nach Descartes ein. Phänomenologisches Denken möchte sich möglichst vorurteilsfrei dem letztlich nicht begreifbaren und nicht fassbaren Eigentlichen (eidos, gr.) des menschlichen Lebens nähern (Methode der „phänomenologischen" oder „eidetischen Reduktion"). Das Eigentliche kann besser in Bildern beschrieben werden, es wird nicht identifiziert. Insofern plädiert Blumenberg konsequent für eine Metaphorologie. Menschliches Leben beschreibt er beispielsweise als Wechselwirkung zwischen dem Schaffen vertrauter Höhlen und dem Höhlenausgang (2010, 149ff.). Husserl, der Begründer der Phänomenologie, erfindet und beschreibt den Kunstbegriff der Lebenswelt, der aus zwei undefinierbaren Worten besteht: Leben und Welt. Die Philosophie habe sich methodisch mathematisch exakt dem Undefinierbaren, der gesamten Welt eines einzelnen Lebens, zuzuwenden in dem Wissen, dass dies letztlich unerkennbar, undefinierbar und nicht identifizierbar bleibt. Die Phänomenologie sucht die Sicherheit in der Methodik, nicht im identifizierten Ergebnis zur Bezeichnung von Welt. Der (Kritische) Rationalismus sucht Sicherheit in allen Wissenschaften auch in der Bezeichnung von Welt.

Häufiger verwandt wurde auch der Begriff des Verstehens. Dieser kommt aus der Hermeneutik. Der Name ist dem griechischen Götterboten Hermes entlehnt, der eine verstehende, sinnvermittelnde Verbindung zwischen Götter- und Menschenwelt herstellt. Hermeneutik als geisteswissenschaftliche Methodik geht davon aus, dass Texte und Inhalte einen verborgenen Sinn haben, den es aufzusuchen gilt. Wenn Sie diesen Text lesen, gehen Sie hermeneutisch vor: Sie versuchen, für sich Sinnzusammenhänge zu schaffen und gehen üblicher- und freundlicher Weise davon aus, dass in dem Text ein Sinn liegt. Auf soziales Miteinander übertragen meint ein hermeneutisches Vorgehen, den immanenten Sinn des Denkens und

Handelns des anderen Menschen erkennen zu wollen. Während die Hermeneutik das Ausdrückbare im verborgenen Sinn sucht, legt die Phänomenologie vor allem die Methodik des Erkennens fest und geht davon aus, dass das Eigentliche nicht erkannt und ausgedrückt werden kann. Gegenstand der Hermeneutik sind Bewusstsein und kommunikatives Verhalten, Gegenstand der Phänomenologie das Leben. Soziale Arbeit bezieht in Disziplintheorien, z.B. in der lebensweltorientierten Sozialen Arbeit, beide Erkenntnistheorien ein. In der Konsequenz suchen Sozialarbeitende das sinnorientierte Verstehen des sozialen Handelns anderer Menschen hermeneutisch auf und müssen zugleich phänomenologisch davon ausgehen, das Eigentliche des Lebens nicht erfassen zu können. So ist ein situativ-konkreter Verstehensprozess einer Person, auch einer Sozialarbeiterin oder eines Sozialarbeiters, ein thesenhaft im Dialog sich hin- und herbewegender, der seine Relevanz vor allem im angenommenen und bekundeten geteilten Verstehen mit der anderen Person erlangt.

Dieser kurze, kursorische, erkenntnistheoretische Exkurs soll bereits an dieser Stelle deutlich machen, dass Lesende und Sozialarbeitende sich vergewissern müssen, welchen Theoriebegriff, welche Grundlage des Verstehens sie als Ausgangspunkt ihrer Wahrnehmung und ihres Denkens annehmen. Das Nichtidentifizierbare, das wir in drei dargestellten Erkenntnistheorien finden – im kritischen Rationalismus über das Prinzip der Falsifikation, in der Kritischen Theorie über dialektisches und historisches Denken und in der Phänomenologie über das nicht erkennbare Eigentliche -, findet sich auch in der aus dem Griechischen übersetzten Wortbedeutung von Theorie als Anschauungsmöglichkeit von Wirklichkeit. Mit Hilfe von Theorien kann Wirklichkeit in seiner Gesamtheit nie definiert, also begrifflich festgelegt werden. Mehr noch: Wenn Wirklichkeit als vermeintlich klar erkennbare (von Sozialarbeitenden) normativ letztgültig festgelegt wird, besteht die Gefahr, übergriffig und missbräuchlich tätig zu sein. Dieser Exkurs soll zum einen anregen zum eigenständigen weiteren Studieren, denn die dargestellten Inhalte greifen zu kurz, um die Gegenstände angemessen aufzugreifen. Und zum anderen sollen die Anregungen dazu auffordern, in einen inneren Dialog zu treten, sich selber angesichts der vertrauten Routinen in Beziehung zu setzen zu den Wahrnehmungs- und Deutungsmöglichkeiten.

Zweck wissenschaftlicher Theorien und Begriffe

Wissenschaftliche Theorien gewähren aufgrund der präzisen Einbettung in andere wissenschaftliche Theorien und möglichst präziser Erhebung von Erfahrungswissen (das meint der Begriff „Empirie" aus dem Griechischen) eine möglichst große Verständigung über Begriffe, die einen Bezug zur Realität haben, und in der Folge eine möglichst große Gewähr, sich verlässlich auf Wirklichkeit zu beziehen. Sie können aber, hier folgen wir Blumenberg, (soziale) Wirklichkeit nicht gänzlich abbilden. Wirklichkeit bleibt komplexer, unplanbarer als Theorien es vorgeben können, weil stets unterschiedliche Faktoren zueinander interagieren. Und trotzdem können wir mit Theorien vieles verlässlich begreifen, ausdrücken und gestalten. Dies gilt insbesondere, wenn die Theorie empirisch anschlussfähig und begründet sind. (Disziplin-)Theorien (Sozialer Arbeit) bieten, in den wissenschaftlichen Kontext hineingestellt, möglichst präzise Zugangswege zu (sozialer) Wirklichkeit (und sozialem Handeln).

Das Verhältnis von Theorie und professioneller Praxis lässt sich als dialektisches beschreiben. Theorien der Sozialen Arbeit sind auf Praxis bezogen, können und wollen diese aber nicht vorwegnehmen. Und professionelle Praxis zeichnet sich dadurch aus, dass sie theoriebezogen zu begründeten Wahrnehmungen und Handlungsformen kommt. Professionelle Praxis lässt sich jedoch nicht nur darstellen über ihren Theoriebezug. Die Person des Handelnden, Erfahrungswissen und situatives, spontanes Handeln sind ebenso von Bedeutung. Theorien sind notwendig, aber nicht hinreichend für gelingende professionelle Praxis. Professionelles soziales Handeln grenzt sich von ehrenamtlichem dadurch ab, dass die Wahrnehmung und das eigene intervenierende Handeln begründet werden können vor dem Hintergrund von wissenschaftlich-fachlichen Theorien und Konzepten. Professio (lat.) meint, „öffentliche Erklärung, Äußerung" (Langenscheidt 2023) und somit: in der Öffentlichkeit zu dem zu stehen, was man denkt und was man tut.

Wissenschaftliche Theorien können im Kontext und im Nachdenken über andere Theorien sowie auf der Grundlage einer systematischen Aufnahme von Erfahrungswissen formuliert werden. Theorien Sozialer Arbeit sind immer auch handlungsorientiert. Insofern werden sie in der Literatur auch als Konzepte bezeichnet bzw. bezeichnen sich selber als Konzept. Nach Geißler und Hege lassen sich drei Handlungsformen voneinander unterscheiden: Konzepte, Methoden und Techniken/Verfahren. In der Literatur werden die Begriffe nicht einheitlich definiert und verwandt. Die hier gewählten Begriffsbestimmungen stellen (nur) eine sinnvolle Möglichkeit dar ((11)2007, Kap. 2.2). Unter Konzept verstehen Geißler und Hege „ein Handlungsmodell, in welchem die Ziele, die Inhalte, die Methoden und die Verfahren in einen sinnhaften Zusammenhang gebracht sind. Dieser Sinn stellt sich im Ausweis der Begründung und der Rechtfertigung dar" (Geißler/Hege, (11)2007, S. 23). Konzepte beziehen sich begründend auf Erkenntnistheorien sowie auf gesellschaftstheoretische und anthropologische Grundlagen. Methoden sind demgegenüber „formal betrachtet – (konstitutive) Teilaspekte von Konzepten. Die Methoden sind ein vorausgedachter Plan der Vorgehensweise" (ebd., S. 24). Methodos aus dem Griechischen meint: Weg, also einen Weg zu planen und zu beschreiten. Soziale Arbeit kennt drei klassische Wegbeschreibungen mit Blick auf die folgenden drei Zielgruppen: Einzelfall, Gruppe und Gemeinwesen. Die Methoden Sozialer Arbeit müssen dieser Definition nach stets eingelassen werden in Konzeptgrundlagen, die auf (Erkenntnis-, anthropologischen und Gesellschafts-)Theorien basieren. Es gibt beispielsweise psychoanalytisch oder systemisch orientierte Einzelfall- und Gruppenarbeit usw.. „Während Methoden einen systematischen Komplex von Vorgehensweisen darstellen, sind Verfahren *Einzelelemente von Methoden*. In gleicher Weise ist (...) der Begriff der Technik zu verstehen" (ebd., S. 29). Verfahren oder Techniken, wie z.B. eine Feedback-Technik kann in allen drei klassischen Methoden Sozialer Arbeit angewandt werden. Sie sind nicht nur einer Methode zugeordnet. Der Zusammenhang zwischen Konzepten, Methoden und Verfahren/Techniken lässt sich in Form einer hergestellten „Kopplung" beschreiben, nicht in Form einer Ursache-Wirkungs-Kausalität. In der Folge gibt es in der Praxis nicht die eine richtige, sondern vielmehr angemessenere und mehr oder weniger gut begründete Handlungsformen, die aus Konzeptwissen innerhalb einer Methode mit Techniken zum Ausdruck kommen. Medieneinsatz, Sport und andere Formen des Handelns sind i.d.R. zunächst auf der Technikebene verortet. Sie sind häufig für Studierende attraktiv, weil sie anschaulich und unmittelbar eine Handlungsorientierung geben. Allerdings müssen die Technikformen begründet in Methoden und vor allem Konzepten mit Theoriegrundlagen eingebettet werden, um innerhalb Sozialer Arbeit professionell angewandte Handlungsformen zu sein. Diese Begriffsdefinitionen sind in der Literatur nicht alternativlos und sie werden unterschiedlich verwandt. Sie ermöglichen eine sinnvolle und begründete Begriffsunterscheidung.

Die Disziplin Sozialer Arbeit bezeichnet die Herstellung eines Ordnungszusammenhanges über Theorien, die in der Sozialen Arbeit auch Konzepte sind, und Forschung. Die Profession Sozialer Arbeit bezieht sich auf alle begründeten Praxisvollzüge. Beide sind aufeinander bezogen. Disziplinbildung findet insbesondere an den Hochschulen und in Instituten statt, und die Profession wird von Sozialarbeitenden in der Praxis gelebt. Die folgende Grafik verdeutlicht die Bezüge der Begriffe zueinander.

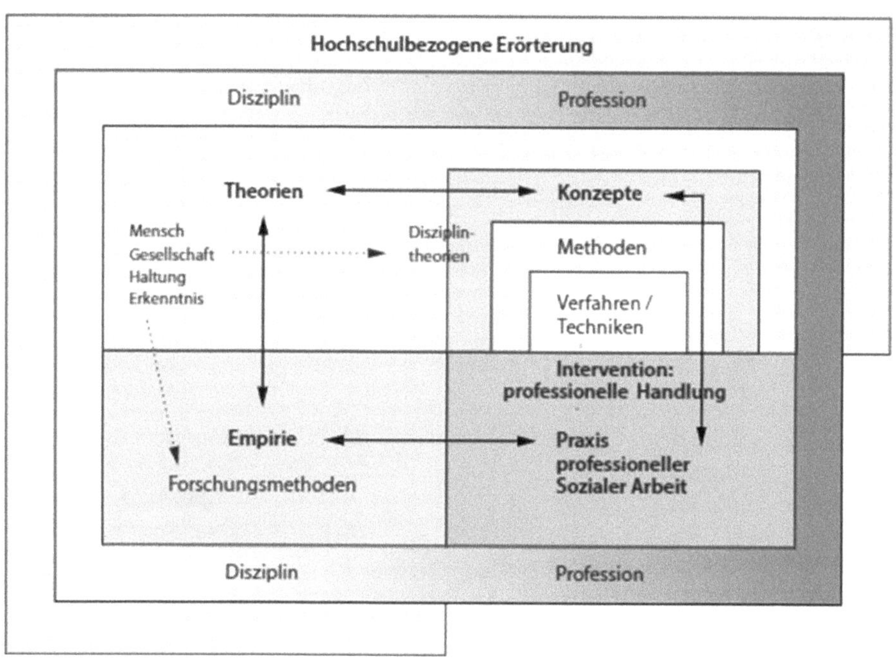

Abb 1: Erste Begriffsklärungen (Mennemann; Dummann, 2022, 21)

> **Disziplintheorien Sozialer Arbeit und professionelle Praxis**
>
> (Disziplin-)Theorien der Sozialen Arbeit beinhalten ein Verständnis über den Menschen in der Gesellschaft, Erkenntniswege sowie soziale Handlungsvollzüge. Sie stellen jeweils nur einen möglichst verlässlichen Zugang zu sozialer Wirklichkeit dar. Sie legen professionelle Praxis, die zudem an die Person der:s Sozialarbeitenden gebunden ist, nicht fest. Sie sind notwendiger Bestandteil professioneller Praxis, aber nicht hinreichend, um diese zu beschreiben und anzuleiten. Als junge Disziplin benötigt Soziale Arbeit mehr empirische Forschung und differenzierteres Theoriewissen.

2.2. Reichweiten und Ebenen - welche unterschiedlichen Theorien gibt es?

Disziplintheorien Sozialer Arbeit greifen zurück auf disziplinübergreifende Theorien. Dies sind insbesondere Theorien zum Verständnis von Menschen (Anthropologien), Gesellschaftstheorien und Erkenntnistheorien. Diese drei grundlegenden, disziplinübergreifenden Theorien bestimmen das Grundverständnis einer Disziplintheorie. Ausdrücklich nehmen Disziplintheorien i.d.R. eine gesellschaftstheoretische Verortung vor, häufig weniger ausdrücklich eine anthropologische und eine erkenntnistheoretische. Diese Verortungen stellen eine Rahmung der jeweiligen Disziplintheorie dar, denn mit ihnen sind Erkenntnismöglichkeiten und -grenzen benannt. Antworten auf die Frage, wer ist der (andere) Mensch für mich, führen zu philosophischen, ethischen, medizinischen und psychologischen Diskursen. Mit Gesellschaftstheorien nimmt Soziale Arbeit soziologische und politikwissenschaftliche Theorien auf. Erkenntnistheoretische Fragen knüpfen an philosophische Diskurse an. Diese werden mitunter in Verbindung gesetzt zu soziologischen und psychologischen Denkweisen. In dieser Einführung können diese Theorien nicht vertieft angesprochen werden. Einzelne Disziplintheorien verweisen explizit auf spezifische Denkrichtungen. An dieser Stelle sei auf entsprechende Einführungsbücher verwiesen (Hand- und Wörterbücher Sozialer Arbeit, Einführungsreihen in die Soziale Arbeit in unterschiedlichen Verlagen und Einführungsbücher in Theorien Sozialer Arbeit).

Theoretische Überlegungen in der Sozialen Arbeit lassen sich mit Blick auf drei Ebenen unterscheiden: handlungsfeldübergreifende, handlungsfeldbezogene und phänomenbezogene Theorien. Disziplintheorien der Sozialen Arbeit haben den Anspruch, handlungsfeldübergreifend gültig zu sein. In Disziplintheorien finden sich zwar Anschauungsbezüge, aber keine differenzierten Hinweise zu Eigenschaften einer spezifischen Gruppe von Personen mit Unterstützungsbedarf. Keine Disziplintheorie sagt beispielsweise etwas zu psychischen Erkrankungen oder Alterungsprozessen. In handlungsfeldbezogenen Theorien werden die Spezifika der jeweiligen Gruppe der Personen mit Unterstützungsbedarf in Verbindung zu disziplinbezogenem Denken Sozialer Arbeit gesetzt. Diese disziplinbezogenen Theorien mittlerer Reichweite („Middle Range Theoris") sind anschaulicher, konkreter und erfreuen sich einer größeren Rezeption. Hier finden sich etwa Überblicksbücher zur Sozialen Arbeit mit geflüchteten Menschen, in der sozialen Altenarbeit, in der Kinder- und Jugendhilfe usw.. Je nach Zählweise weist Soziale Arbeit schnell fünfzig und mehr Handlungsfelder auf. Im Studium können diese nicht erschöpfend gelehrt und studiert werden. Hierzu zählen auch Erziehungstheorien, die in der Kinder- und Jugendhilfe relevant sind. Und schließlich gibt es Theorien zu einzelnen Phänomenbereichen oder zu einzelnen Eigenschaften von Personen, Beeinträchtigungen oder Erkrankungsarten, z.B. Soziale Arbeit mit Menschen mit einer Demenzerkrankung oder mit einer Autismus-Spektrum-Störung usw. (vgl. Thole 2012, S. 27). Handlungsfeldbezogene und phänomenbezogene Theorien greifen verstärkt auf bezugswissenschaftliche Theorien zurück. Ein zentraler „Anker" des spezifischen Verstehens sozialer Wirklichkeit aus Sicht Sozialer Arbeit liegt in den handlungsfeldübergreifenden Disziplintheorien der Sozialen Arbeit. Aber auch diese nehmen, wie zu Beginn dieses Unterkapitels erläutert, bereits Inhalte und Begriffe anderer Disziplinen auf.

2.3 Funktionen – wozu sind Disziplintheorien Sozialer Arbeit wichtig?

Um die Funktionen von Disziplintheorien Sozialer Arbeit einzuordnen, soll zunächst das Unbehagen mit ihnen in der Sozialen Arbeit thematisiert werden. Es lässt sich nicht übersehen, dass viele Studierende Soziale Arbeit nicht aufgrund des Interesses an Disziplintheorien studieren. Auch aus der Praxis ist mitunter zu hören, dass Theorien mit Praxis wenig zu tun hätten. Dieses Unbehagen hat berechtigte Gründe. Es bezieht sich nach meiner Erfahrung

- auf die Anstrengungen mit Theorien: auf die Abstraktheit der im wissenschaftlichen Kontext formulierten Fachbegriffe und Inhalte,

- eine relative Unbrauchbarkeit bzw. etwas Unpräzises für praktisches Handeln, das Unsicherheiten hinterlässt, obwohl für praktisches Handeln situativ normative Sicherheit wichtig ist, sowie

- auf das insgesamt Nichthinreichende, um in der Praxis handeln zu können.

Das Angebot der Disziplintheorien klingt zunächst nicht überzeugend. Aufwand und Nutzen scheinen in einem Missverhältnis zu stehen: Theorien sind anstrengend in der Aneignung, abstrakt in den Begriffen und dann sind sie für praktisches Handeln nicht präzise genug und nicht hinreichend. Da ist es allemal leichter, aus der eigenen Erfahrung und Routine nach einigen Berufsjahren zu handeln.

Wozu also werden Disziplintheorien benötigt? Schauen wir uns die verständlichen Gründe des Unbehagens genauer an. Theorien sind anstrengend, weil sie ein eigenes Gedankengebäude möglichst logisch und stringent aufbauen. Die in ihnen dargelegten Fachbegriffe werden immer mehr abstrahiert von der unmittelbaren Wirklichkeit, weil sie sich von anderen Begriffen und Inhalten definitorisch abgrenzen. Beispielsweise grenzt sich der autopoietische Systembegriff, den u.a. Kleve mit Bezug auf Luhmann verwendet, vom allopoietischen, systemistischen Denken von Staub-Bernasconi in Anlehnung an Bunge ab. Aber was bedeuten die Begriffe genau und welcher Begriff ist für praktisches Handeln hilfreich? Mit dieser Abgrenzung sind die Fachbegriffe zwar theoretisch präzise, treffen aber die Wirklichkeit möglicherweise nicht mehr präzise und umfänglich genug. Sie wirken praxisfern und wenig nützlich. Zudem benötigen wir für professionelles Handeln nicht nur Theorien. Wir benötigen Erfahrungswissen und auch unsere Person, unsere Art, mit anderen Menschen da zu sein bzw. zu wirken sowie normative Grundlagen, die einen Bezugspunkt für begründetes Handeln ermöglichen.

Theorien / Konzepte	Praxis
logisch	wirksam
stringent	praktikabel
wissenschaftsbasiert: ausgewiesen im Fachdiskurs	alltagstauglich: Routinen sind wichtig
Fachsprache	für Adressat:innen verständlich
personenunabhängig, beziehungsunabhängig	personengebunden, beziehungsbezogen
nachvollziehbar und wiederholbar mit demselben Ergebnis	personen- und situationsgebundene Ergebnisse
Theoriewissen, unabhängig von der Erfahrung einer Person, muss sich in der Praxis erweisen	folgt auch Erfahrungswissen, im professionellen Kontext auf Theorien bezogen

Abb 2: Theorie-Praxis-Verhältnis (eigene Darstellung)

Das (dialektische) Ineinanderfließen von Theorie und Praxis ohne Auflösung der Schwerpunkte, lässt sich mit dem Bild von Franz Marc: „kämpfende Formen" von 1914 darstellen (s. z.B.: https://de.m.wikipedia.org/wiki/Datei:Marc_kaempfen de-formen.jpg). Es lässt sich erläutern, dass Theorien und praktisches Handeln unterschiedlichen Logiken folgen.

Im Ergebnis kommt Theorievertreter:innen und Praxisvertreter:innen in der Begegnung eine eigene Dignität zu. Keiner kann über den anderen bestimmen. Hier liegt ein zusätzliches Unbehagen in einem möglichen Missverständnis, die Theorie sei der Praxis überlegen, wisse mehr und besser, wie Praxis zu funktionieren habe. Oder umgekehrt: Theorien haben der Praxis gar nichts zu sagen, sie seien irrelevant.

Historisch betrachtet ist Soziale Arbeit aus der Praxis, aus der Anschauung von Hilfebedürftigkeit oder Not und unmittelbaren Handlungsformen entstanden. Auch Studierende möchten möglicherweise schon während des Studiums lieber Sozialarbeitende sein, sie möchten (konkrete verfahrensorientierte) Handlungsformen kennen lernen und konkrete Lösungen erfahren im Umgang mit sozialen Problemen. Jedoch ganz so einfach ist eine verlässliche, angemessene und für die Personen mit Unterstützungsbedarf gewinnbringende professionelle Praxis im sozialen Kontext, bei der Sozialarbeitende als Person selber beteiligt sind, nicht zu gestalten. Praxiseinrichtungen melden zurück, dass Studierende zu wenig praxisrelevantes Wissen erworben haben, und duale Studiengänge sind beliebt. Möglicherweise wäre es hilfreich, zwischen unterschiedlichen Anforderungen an theoriebasierte Praxis zu unterscheiden. Einige praktische Tätigkeiten basieren wenig auf umfangreiches theoretisches Reflektieren, für andere ist umfangreiches Theoriewissen eine notwendige Voraussetzung.

Zunächst macht es Sinn, das Verhältnis zwischen Theorie und Praxis als ein dialektisches, also wechselseitiges Spannungsverhältnis zu begreifen, das sich gegenseitig (synthetisch Neues schaffendes) bereichern kann. Wenn Personen mit Unterstützungsbedarf die Dienste anderer Professionen wie die von Mediziner:innen oder Juristinnen und Juristen in Anspruch nehmen, wird ebenso erwartet, dass die professionell Tätigen sich in ihrem Studium und darüber hinaus der theoretischen Mühe unterzogen haben, möglichst klar und umfassend Wirklichkeit disziplinbezogen zu erkennen und in ihr gemäß ihrer Professionalität auf höchstem Niveau verlässlich zu handeln.

Eine Abwertung von Disziplintheorien, wie sie häufig von Studierenden, praktisch Tätigen oder auch von Vertreter:innen anderer Disziplinen und Professionen zu hören ist, führt zu einer Abwertung der Profession – zumal im interprofessionellen Kontext. Denn ohne Disziplintheorien kann professionelle Praxis nicht als sozialpädagogische oder sozialarbeiterische ausgewiesen werden. Ohne unterschiedliche und bewusst angewandte Theorien bleiben unsere Wahrnehmung und unser Handeln primär personenabhängig, subjektiv beliebig und kaum korrigierbar, wenn das gewählte Handeln nicht unmittelbar zum Erfolg führt.

In zweifachem Sinne ist eine Theorie Sozialer Arbeit in Form einer „offenen Dialektik" angelegt: zum Ersten in Bezug auf die Praxis, da sie auf ihre Festlegung zugunsten einer Erläuterung möglicher Denk- und Handlungswege verzichtet. Zum Zweiten ist sie in ihrer Grundstruktur dialektisch konzipiert; sie treibt die Widersprüche auseinander und zeichnet so die Breite auf, innerhalb der die Fragestellungen, Denkbewegungen und Zielbestimmungen anzusiedeln sind (vgl. Winkler 1984, S. 224). Als „zurückhaltende Philosophie" zielen die Inhalte der Theorie auf das Gegensätzliche, um die „Realdialektik ihres Felds und ihre Handlungssituation noch soweit zu erschließen, daß (sic!) (...) die Negation von Sozialpädagogik" (Winkler 1984, S. 228) mitgedacht werden kann. Eine kritische Theorie Sozialer Arbeit enthält sich selbst aufhebende Elemente. Theorie liefert das Gedankenmaterial, d.h. eine Strukturanalyse, Orientierung für gezielte Wahrnehmung und Handlungsmöglichkeiten, mit dem das konkrete, alltagsnahe soziale Problem begriffen und verändert werden kann.

> **Funktionen von Disziplintheorien**
>
> Disziplintheorien haben
>
> 1. eine pragmatische (hermeneutische und heuristische)
> 2. eine reflexive und
> 3. eine identitätsstiftende Funktion.

Erstens dienen Theorien in pragmatischer Hinsicht dazu, Wirklichkeit möglichst präzise aufzusuchen, sich der Wirklichkeit in Denkbewegungen zu nähern (heuristische Funktion) und Verstehenshypothesen (hermeneutische Funktion) als Grundlage des Handelns im Dialog zu entwickeln. „Das beinhaltet

■ die Einzelfaktoren der Wirklichkeit gedanklich in einen Zusammenhang zu bringen, sie abzubilden beziehungsweise zu beschreiben (deskriptive Funktion) und zugleich Erklärungen für Zusammenhänge zu bekommen (erläuternde Funktion), um in ihr verlässlich handeln zu können (handlungsanleitende Funktion) und

■ zukünftige Entwicklungstendenzen sowie auch mögliche Wirkungen und Nebenwirkungen der angestrebten Veränderungen abschätzen zu können (prognostische Funktion)" (Mennemann/Dummann, 2022, 103).

Dabei ist der spannungsreiche Unterschied zwischen Theorie und Praxis konstitutiv, um immer wieder neue, gewinnbringende Handlungsformen in konkreten Situationen zu ermöglichen.

> „Zweitens bieten Theorien den Sozialpädagog*innen und Sozialarbeiter*innen die Möglichkeit, sich selbst, d.h. die eigenen Überzeugungen und Sichtweisen sowie die eigenen Empfindungen, die möglicherweise auch Wege zu eigenen zu bearbeitenden Themenbereichen sind, wie auch die Situation der Adressat*innen, den Verlauf und die Ergebnisse des Hilfeprozesses zu reflektieren (reflexive Funktion)" (ebd. S. 105)

Schließlich helfen Disziplintheorien drittens, den „Kern" sowohl des Professionsverständnisses allgemein als auch der einzelnen Sozialarbeitenden zu sichern. Das ist für einen interprofessionellen Austausch ebenso wichtig wie das auch mit Grenzen versehene Auftreten und Handeln der Sozialarbeitenden in konkreten Situationen. Identität sichert den eigenen Standpunkt und macht sprach- und anknüpfungsfähig (s. zu den Funktionen von Theorien ausführlicher ebd., S. 103-106).

Der Diskurs um eine identitätsstiftende Funktion umfasst, das sei an dieser Stelle nur kurz erwähnt, die Frage nach dem Selbstbewusstsein und der Eigenständigkeit Sozialer Arbeit als Disziplin und Profession. Wenn Professionen begrifflich und fachlich mit einer eigenständigen Letztverantwortung in der Definition und Anwendung der von ihr geschaffenen Inhalte verbunden werden, wie das idealtypisch als Grundmerkmal der drei klassischen Professionen, der Medizin, der Jurisprudenz und der Seelsorge, (mit allen Vor- und Nachteilen) beschrieben werden kann, wird Soziale Arbeit als eigenständige Profession zurecht in Frage gestellt, weil sie sich beispielsweise wesentlich auf gesetzliche, von ihr nicht erlassene, Grundlagen bezieht. Eine semantische und fachliche Unterscheidung von Professionen und Semiprofessionen führt jedoch in der Praxis nicht selten in die Irre und gibt falsche Signale. Denn auch die Eigenständigkeit und Selbständigkeit der drei klassischen Professionen - Medizin, Jurisprudenz, Seelsorge - kann beispielsweise angesichts wirtschaftlicher Anreizsysteme und Vorgaben nicht nur für medizinisches Handeln in Frage gestellt werden. Zudem sind machttheoretisch Verpflichtungen und Begrenzungen der Wirkmächtigkeit der klassischen Professionen – wie sie im Bereich (sexuellen) Missbrauchs thematisiert werden – notwendig. Des weiteren stehen die klassischen Professionen zusehends angesichts der Komplexität der Situationen, in denen Personen mit Unterstützungsbedarf leben, in fachlichen Abhängigkeiten zu anderen Professionen. Bei Leistungsträgern, in denen vor allem Mediziner:innen und Juristinnen und Juristen die Leitung übernehmen, ist angesichts einer geforderten Personenzentrierung zu beobachten, dass zum einen gerade die Entscheidungen der klassischen Professionen mitunter automatisiert werden können und Komplexität im Einzelfall mit interprofessioneller Vergemeinschaftung begegnet werden wird. Die professionstheoretische Diskussion ist aus praktischer Sicht differenziert mit anderen Bewertungsmaßstäben zu führen. Hier tritt Soziale Arbeit gerade angesichts komplexer Situationen und einer zunehmenden Notwendigkeit interprofessionellen Handelns als eine eigenständige Profession unter vielen auf. Dazu ist es notwendig, dass sich Soziale Arbeit gemäß Ihres Selbstanspruchs als Disziplin mit eigenen Fachbegriffen empiriebezogen stetig weiterentwickelt. Die Rede von einer eigenschaftslosen Identität Sozialer Arbeit (vgl. Kleve 2000, S. 14) kann fachbegrifflich weiterentwickelt werden zu vielfältigen begründeten Wahrnehmungszugängen zu sozialer Wirklichkeit und zu Handlungsformen. Empirische Untersuchungen etwa zum Umgang Sozialarbeitender in Spannungsverhältnissen können mehr Klarheit schaffen über professionelle Haltungs- und Handlungsformen als Theorien, die die Spannungsfelder nur aufzeigen können. Es ist zu erwarten, dass zunehmende Forschung innerhalb der Disziplin Sozialer Arbeit die Profession in ihrem Selbstverständnis in ihren Handlungsformen zukünftig stärken wird.

2.4 Bestandteile – welche Inhalte weisen Disziplintheorien auf?

Lambers benennt die notwendigen Elemente, die eine Disziplintheorie (nicht nur bezogen auf Soziale Arbeit) grundsätzlich beinhalten sollte (Lambers, 2020, S. 317):

„a) klare Begrenzung des Bezugsproblems und des wissenschaftlichen Gegenstandes

b) Erkenntnis- und wissenschaftstheoretische Verortungen

c) Klärung der disziplinären Grundbegriffe

d) in formalisierten Theorien: Darstellung und Begründung der Hypothesen und Messkonzepte, Nachweis empirischer Belege bzw. Rekonstruktion von Plausibilität, Aussagen, die Auskunft über Zukünftiges geben

e) in nicht oder nur schwach formalisierten Theorien: Angabe der zugrunde gelegten Verstehenskonzepte (hermeneutische, phänomenologische, materialistische, konstruktivistische, interaktionistische Zugangsweisen)

f) in handlungswissenschaftlichen Theorien: Bereitstellung von Begriffen und Leitlinien zur Eingrenzung des Bezugsproblems, seiner Lösungsmöglichkeiten und kritischen Reflexion sowie ggf. Benennung der normativen Ebene, die den Zusammenhang zwischen Beschreibungs-, Erklärungs-, Prognosewissen und Zielen und Handlungen klärt

g) Herstellung eines Bezugsrahmens zur Profession", damit sich Disziplin und Profession weiterentwickeln können.

Das „Bezugsproblem" beschreibt den Inhalt, auf den sich eine Theorie bezieht, beispielsweise auf „Alltagsbewältigung, Alltagshandeln, Emanzipation" nach der lebensweltorientierten Sozialen Arbeit nach Thiersch (vgl. Lambers, 2020, 270) oder „soziale Gerechtigkeit" und „soziale Probleme" nach Sozialer Arbeit als Menschenrechtsprofession nach Silvia Staub-Bernasconi (vgl. ebd. 272). Disziplintheorien müssen sagen, welchen Inhalt sie von sozialer Wirklichkeit betrachten.

Der „Gegenstand" bezeichnet nach Lambers den Inhaltsbereich der Theorie bzw. das Verständnis von Sozialer Arbeit, z.B. bei Hans Thiersch „Alltags- und Lebensweltorientierung" bzw. „alltagsorientierte Sozialpädagogik" begriffen als Hilfe zur Selbsthilfe mit dem Ziel, den Personen mit Unterstützungsbedarf einen „gelingenderen Alltag" zu ermöglichen (ders., 270). Bei Silvia Staub-Bernasconi sind es die „reflexive wie tätige Antwort auf soziale Probleme", die „Bearbeitung von Ausstattungs-, Austausch-, Verknüpfungs- bzw. Machtproblemen sowie Kriterien- bzw. Werteprobleme sowie die Menschenrechte" (ders., 272).

Disziplintheorien Sozialer Arbeit, die als schwach formalisiert und handlungswissenschaftlich eingestuft werden können, müssen im Kern zudem ihre wissenschaftstheoretischen und erkenntnistheoretischen Hintergründe sowie ihre Verstehenskonzepte benennen. Bei Thiersch sind das beispielsweise die Hermeneutik, die Phänomenologie, der Kritische Rationalismus, der symbolische Interaktionismus und die Kritische Theorie (vgl. Mennemann/Dummann, (4)2022, Kap. B II). Für Theorien Sozialer Arbeit ist durchaus typisch, sich eklektisch auf mehrere wissenschafts- und erkenntnistheoretische Hintergründe zu beziehen.

Als handlungswissenschaftliche Theorien müssen sie zudem die normativen Grundlagen, die den Zusammenhang zwischen Beschreibungs-, Erklärungs-, Prognosewissen sowie Zielen und Handlungen darstellen, beinhalten.

Nach Füssenhäuser, um eine zweite Position hinzuzuziehen, beinhalten Theorien der Sozialen Arbeit (2015, S. 1756 f.) die folgenden acht Inhalte:

1. Wissenschaftscharakter und die eigene disziplinäre Verortung
2. Gegenstand der Wissenschaft und der Praxis (Bestandteil von 1)
3. Theorie-Praxis-Verhältnis
4. gesellschaftliche und soziale Voraussetzungen, politische Verortung, Aufgaben, Interventionsformen
5. Adressatinnen und Adressaten bzw. Analyse von Lebenslagen und Lebensweisen
6. Institutionen
7. Widersprüche und Paradoxien professionellen Handelns
8. Werte und ethische Fragen

Die von Füssenhäuser herausgestellten Kriterien für Theorien der Sozialen Arbeit lassen sich mit denen von Lambers vergleichen. Danach können wir Folgendes festhalten:

> **Inhalte der Disziplintheorien Sozialer Arbeit**
>
> Soziale Arbeit begreift sich als Handlungswissenschaft. Theorien der Sozialen Arbeit ...
>
> - bestimmen den Gegenstand und den epistemischen Ort Sozialer Arbeit im Wissenschaftskontext (Punkte 1 und 2 nach Füssenhäuser; vgl. Lambers Begriffe Bezugsproblem und Gegenstand sowie erkenntnis- und wissenschaftstheoretische Verortung, Punkte a und b).
> - erörtern das Theorie-Praxis-Verhältnis und ethische Fragen (Punkte 3, 7 und 8 nach Füssenhäuser; vgl. Lambers Hinweise auf Inhalte von schwach formalisierten Theorien und Handlungstheorien, Punkte e und f).
> - erläutern das (dialektische) Wechselverhältnis von gesellschaftlicher Verortung, Institutionen und Personen mit Unterstützungsbedarf (Punkte 4, 5 und 6 nach Füssenhäuser; vgl. Lambers Hinweise auf Klärung disziplinärer Grundbegriffe sowie der Profession und Disziplin; Punkte c und g).

Hinweise insbesondere auf den Gegenstand bzw. den Wirklichkeitsbereich und das inhaltliche Selbstverständnis Sozialer Arbeit gibt disziplintheoretisch übergeordnet die internationale Definition von Sozialer Arbeit. Diese lautet übersetzt: „Soziale Arbeit fördert als praxisorientierte Profession und wissenschaftliche Disziplin gesellschaftliche Veränderungen, soziale Entwicklungen und den sozialen Zusammenhalt sowie die Stärkung der Autonomie und Selbstbestimmung von Menschen. Die Prinzipien sozialer Gerechtigkeit, die Menschenrechte, die gemeinsame Verantwortung und die Achtung der Vielfalt bilden die Grundlage der Sozialen Arbeit. Dabei stützt sie sich auf Theorien der Sozialen Arbeit, der Humanund Sozialwissenschaften und auf indigenes Wissen. Soziale Arbeit befähig und ermutigt Menschen so, dass sie die Herausforderungen des Lebens bewältigen und das Wohlergehen verbessern, dabei bindet sie Strukturen ein" (DBSH 2014).

Die in der Definition verwandten Begriffe sind zum Teil ergänzungsbedürftig und verweisen auf unterschiedliche Theorien zu ihrer Klärung. Der Deutsche Berufsverband für Soziale Arbeit (DBSH) nimmt erste Erklärungen, Ergänzungen und Kommentierungen auf seiner Homepage vor (https://www.ifsw.org/wp-content/uploads/2019/07/20161114_Dt_Def_Sozialer_Arbeit_FBTS_DBSH_01.pdf). Die Definition weist die folgenden Bestandteile von Theorien Sozialer Arbeit auf: Soziale Arbeit bezieht sich sowohl auf gesellschaftliche Veränderungsprozesse, soziale Entwicklungen und sozialen Zusammenhalt auf der einen Seite, als auch auf die Stärkung der Autonomie und Selbstbestimmung von Personen mit Unterstützungsbedarf auf der anderen Seite. Damit bezieht sich Soziale Arbeit insgesamt auf das Spannungsverhältnis von Gesellschaft und Individuum mit Blick auf die Prinzipien sozialer Gerechtigkeit, die Menschenrechte, die gemeinsame Verantwortung und die Achtung der Vielfalt. Dies tut sie mit Hilfe von Theorien der Sozialen Arbeit, der Human- und Sozialwissenschaften sowie indigenem, nicht an die westliche Kultur angelehntem Wissen. Soziale Arbeit arbeitet eher mit als für Personen mit Unterstützungsbedarf. Sie befähigt und ermutigt Menschen, damit sie selber die Herausforderungen des Lebens bewältigen und das Wohlergehen verbessern können. Dabei bindet sie soziale Kontexte auf unterschiedlichen

Ebenen ein und schafft verlässliche, professionelle Strukturen eigener Handlungsgrundlagen. Als Unterscheidung der sozialen Ebenen bieten sich an:

- Mikroebene: erlebte soziale Umwelt der Menschen mit Unterstützungsbedarf bzw. primäre Netzwerke, in die Menschen hineingeboren werden und/oder in denen sie leben (Familie, Freundeskreis, Nachbarschaft)
- Mesoebene: Gemeinwesen inklusive sekundärer Netzwerke (ehrenamtlich getragene Gruppen, Vereine) und Institutionen bzw. tertiäre Netzwerke (professionelle Organisationen, öffentliche und private Träger)
- Makroebene: gesellschaftliche Rahmenbedingungen in unterschiedlichen Funktionssystemen.

Wissensbereiche Sozialer Arbeit

Soziale Arbeit verortet sich als Disziplin und Profession in dem Interaktionsfeld von Menschen und ihrer gesellschaftlich geprägten Umwelt, um sowohl sozialen Zusammenhalt als auch die Stärkung der Autonomie und Selbstbestimmung von Menschen partizipativ und befähigend zu erwirken. Dazu benötigt Soziale Arbeit Wissen über

- die jeweiligen Personen mit Unterstützungsbedarf, die Adressatinnen bzw. das Handlungsfeld im gesellschaftlichen Kontext
- Theorien als verlässliche Zugangswege der Wahrnehmung und
- unterschiedliche Handlungsformen

Diese Wissensbestände kann Soziale Arbeit nicht nur aus eigenen Disziplintheorien beziehen (s. ausführlicher Kap. 2.5). Zu dem Wissensbestand Sozialer Arbeit gehören im westlichen Kontext Theorien aus Human- und Sozialwissenschaften. Die Wissensbestände beziehen sich auf (Disziplin-)Theorien, Methoden und Handlungsfeldwissen. Sie implizieren ein handlungsbezogenes Konzept, Gesellschafts- und spezifisches Wissen über Gruppen von Personen mit Unterstützungsbedarf. Die Wissensbereiche lassen sich wie folgt in einem Überblick darstellen:

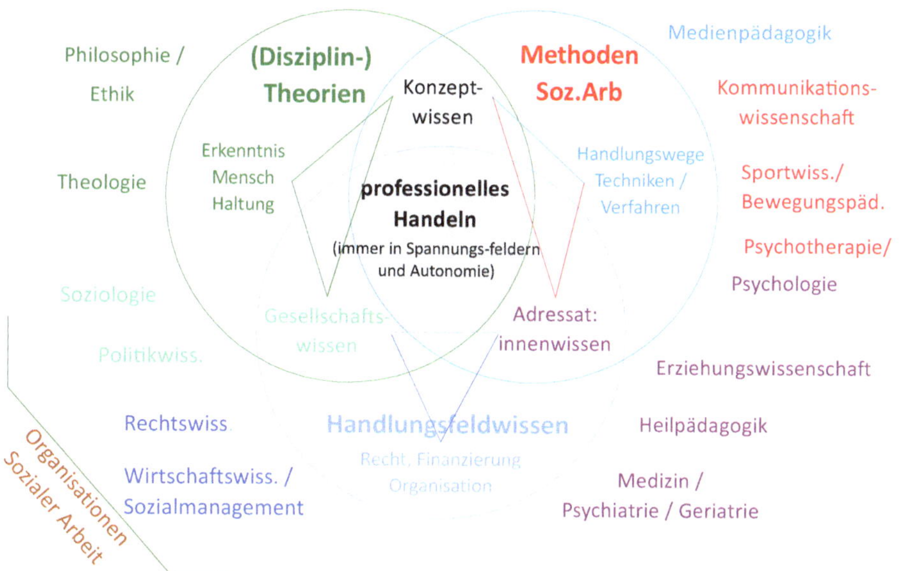

Abb 3: Wissensbereiche Sozialer Arbeit (eigene Darstellung)

2.5 Kontexttheorien - wie lässt sich das Verhältnis zwischen Disziplintheorien und bezugswissenschaftlichen Theorien beschreiben?

Soziale Arbeit benötigt, wie bereits erläutert, bezugswissenschaftliches Wissen. Dieses gehört zum Wissensbestand der Disziplin und Profession Sozialer Arbeit dazu. Im human- und sozialwissenschaftlichen Bereich ist die Gegenstandsbestimmung nicht so leicht abgrenzbar wie im naturwissenschaftlichen (Lambers 2013, 226). Der Bezug der Disziplinen lässt sich eher auf einem Kontinuum darstellen mit jeweiligen „Kern"inhalten, anstatt über klar abgrenzbare Bereiche, das bedeutet, dass definitorische Abgrenzungen nicht möglich sind, wohl aber Fokussierungen der Disziplinen, die sich voneinander abgrenzen lassen.

Selbst zentrale Fachbegriffe Sozialer Arbeit werden aus anderen Disziplinen entnommen und für die Soziale Arbeit aufbereitet. Diese liegen der Sozialen Arbeit bildlich betrachtet zugrunde. In der Kombination aus Theoriewissen und Handlungswissen entstehen dann eigene Begriffsdefinitionen. Der Begriff „Lebenswelt" beispielsweise kommt ursprünglich aus der Phänomenologie (Husserl), wurde in der Soziologie weiter entfaltet (Schütz, Berger/Luckmann, vgl. Habermas 1995; vgl. Abels 2010,74) und wird in der Sozialen Arbeit handlungsorientiert noch einmal spezifisch interpretiert. Der Alltagsbegriff kommt ursprünglich aus der marxistischen Theorie (Kosik 1970), wird diesem gesellschaftskritischen Theorierahmen aber weitgehend von Thiersch enthoben und auf den konkreten Alltag eines einzelnen Menschen übertragen („Alltag ist das Medium, in dem Menschen ihr Leben erfahren und gestalten" (Thiersch 2020, S. 34)). Auch der (autopoietische) Systembegriff aus der Soziologie erfährt in der Sozialen Arbeit handlungsorientierte Implikationen, die zu normativen, in der Soziologie von Luhmann nicht angedachten Begriffsveränderungen führen, die zurecht auch kritisiert werden können. Die folgende Graphik deutet die Bezogenheit zentraler Fachbegriffe in Disziplintheorien der Sozialen Arbeit auf andere Disziplinen an.

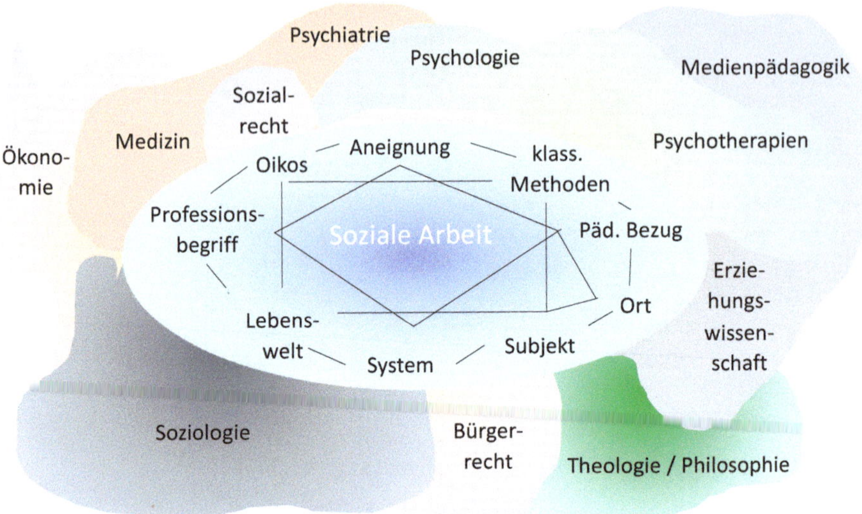

Abb 4: Fachbegriffe und Disziplinen (eigene Darstellung)

Der „Kern" Sozialer Arbeit lässt sich theoretisch vielfältig darstellen. Soziale Arbeit geht von Praxis aus. Sie wendet im Spannungsverhältnis von Individuum und Gesellschaft eigene und bezugswissenschaftliche Theorien an, um das Handlungsfeld zu erschließen und um schließlich begründet zu Handlungsformen zu kommen. Je nach konkreter Fragestellung, Handlungsfeld und theoretischen Bezügen entwickelt Soziale Arbeit unterschiedliche Akzente. Studierende wie Sozialarbeitende sind aufgefordert, in der Vielfältigkeit der Handlungsfelder, der theoretischen Bezüge und der unterschiedlichen Handlungsformen eigene Schwerpunkte zu finden und auszubilden. Soziale Arbeit kennt in der Kombination der Inhalte einen Kern, dieser lässt sich unterschiedlich füllen. Bildlich dargestellt zeigt sich Soziale Arbeit in vielen unterschiedlichen Gesichtern.

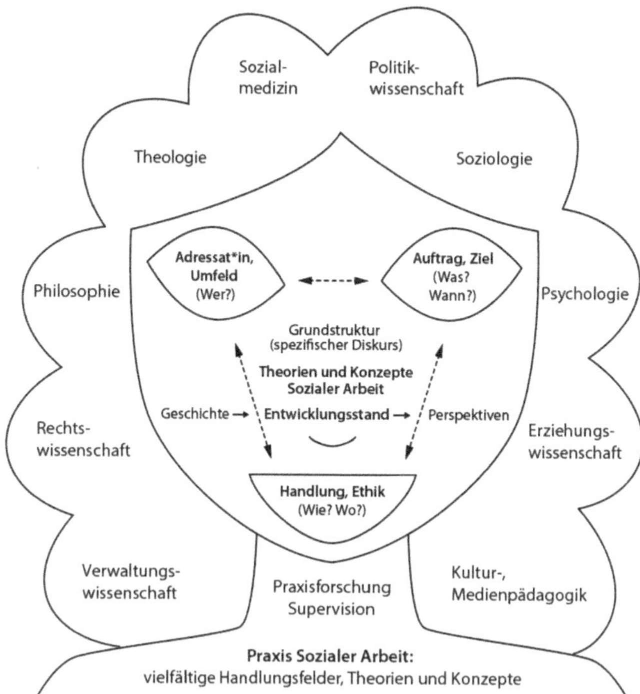

Abb 5: „Gesichter" Sozialer Arbeit (Mennemann/Dummann 2022, S. 17)

Vielfältigkeit Sozialer Arbeit

Neben eigenen Disziplintheorien gehören Theorien anderer Disziplinen zum Wissensbestand Sozialer Arbeit notwendig dazu. Die Vielfältigkeit Sozialer Arbeit bzgl. konkreter Fragestellungen, Handlungsfeldbezügen, theoretischer Zugänge und der Handlungsweisen beinhaltet viele Möglichkeiten der Schwerpunktsetzungen und fordert zugleich auf, ein eigenes „Gesicht" Sozialer Arbeit auszubilden.

Die Vielfältigkeit ist nicht gleichzusetzen mit einer Beliebigkeit oder Eigenschaftslosigkeit, denn die aufeinander zu beziehenden Inhaltsbereiche sind vorgegeben, und mit der konkreten Auswahl ergeben sich konkrete Festlegungen. Auch Soziale Arbeit ist handlungsfeldübergreifend betrachtet in der Lage, eine Identität zu benennen (s. Kap. 4).

Reflexionfragen und -aufgaben

Kennen Sie aus Ihrem (beruflichen) Alltag die Schwierigkeit, sich anderen gegenüber präzise auszudrücken? Wählen Sie ein konkretes Beispiel aus der Vergangenheit, in der es schwer war, sich zu verstehen, und überlegen Sie, welche Möglichkeiten es gibt, besser Verständigung zu erzielen.
Welche Bedeutung haben historische und gesellschaftliche Kontexte für (professionelle) Verständigungsprozesse?

Welche Bedeutung haben die Definition und die Verwendung von Fachsprache Menschen mit Unterstützungsbedarf und Kolleg:innen (anderer Professionen) im professionellen Kontext gegenüber? Wie viel und welches Theoriewissen ist für die Praxis Sozialer Arbeit notwendig? In welchem Verhältnis stehen Alltags-, Erfahrungs- und Theoriewissen für professionelles praktisches Handeln zueinander?
Begründen Sie das Ineinandergreifen von Techniken, Methoden und Konzepten in der Sozialen Arbeit mit Blick auf konkrete Praxisbeispiele.

3. Disziplintheorien der Sozialen Arbeit im Überblick

Zusammenfassung

Die „Theorielandschaft" Sozialer Arbeit ist vielfältig. Weder kann es einen abgeschlossenen Kanon noch kann es eine übergeordnete Supratheorie geben, denn alle Theoriebegriffe legen Perspektiven fest, definieren Inhalte und grenzen sich von anderen Perspektiven und Inhalten, die relevant sein können, um soziale Lebenswirklichkeit zu beschreiben, ab. Für professionelle Wahrnehmung von sozialer Wirklichkeit und für begründetes Handeln Sozialarbeitender in sozialer Wirklichkeit müssen normative Vorannahmen getroffen werden. Da lohnt sich in diesem Kapitel ein Blick in die Geschichte, die Vielfältigkeit und die Strukturierung von Disziplintheorien, um schließlich einige ein wenig ausführlicher kritisch vorzustellen.

3.1 Geschichte - wie sind Disziplintheorien entstanden?

Soziale Arbeit hat sich aus der Anschauung sozialer Notlagen entwickelt. Theorien Sozialer Arbeit sind mit Bezug zur Praxis im Nach-Denken und in Abhängigkeit zu gesellschaftlichen Prozessen und Selbstverständnissen entstanden. Relevante Theorieinhalte wurden historisch mit Blick auf unterschiedliche soziale Problemlagen und gesellschaftliche Herausforderungen entwickelt.

Formen des Helfens gab es in allen Kulturen (Lambers 2010, 15). Die Herausbildung der Vorläufer Sozialer Arbeit lässt sich geistesgeschichtlich mit Beginn der Neuzeit und dann in ihrem heutigen Verständnis in Deutschland als „Kind" der Aufklärung darstellen. Im Zuge von Entdeckungen und einem wissenschaftlich orientierten Denken entstehen Ablösungsprozesse von der Dominanz des Klerus und des Adels (Hammerschmidt/Stecklina 2023, S. 16). Unabhängig von vorgegebenen Rollenmustern und kirchlich-moralischen Lebensweisen entwickeln Menschen neue Lebensformen und -identitäten. Festlegende Leitbilder, beispielsweise Armut als gottgewollte Lebensweise zu begreifen oder nach staatlich autoritärem Vorbild Kinder zu „erziehen", werden spätestens mit der Aufklärung in Frage gestellt und gesellschaftlich im Zuge der Französischen Revolution als Kristallisationspunkt des Aufbegehrens gegen Obrigkeit erkannt.

Anhand zweier konkreter Ereignisse lassen sich die Ursprünge der Sozialpädagogik und der Sozialarbeit als Vorläufer der Sozialen Arbeit erläutern: Pestalozzi, der sich auf den Aufklärungspädagogen Rousseau bezieht, wird von der Kommune in Stans 1799 eingeladen, im Zuge der Kriegswirren zwischen restaurativen und aufklärerischen Kräften (halb-)weise Kinder und Jugendliche an einem eigens zur Verfügung gestellten Ort im Kapuzinerinnenkloster zu erziehen und zu bilden. Ideen, mit „Kopf, Herz und Hand" „vom Kinde aus" in einer sozialen Notlage pädagogisch tätig zu sein, um die Kommune zu entlasten und den Kindern Integration in die Gesellschaft zu ermöglichen, kennzeichnen von Pestalozzi ausgehend Grundlagen moderner Sozialpädagogik. Pestalozzi kann als „Urvater der Sozialpädagogik" bezeichnet werden (Hammerschmidt/Stecklina 2023, S. 11+20). Im restaurativen Stans ist Pestalozzi zwar schnell gescheitert, aber grundlegende pädagogische Inhalte kennzeichnen ein neues Paradigma: personenzentrierte Sozialpädagogik entsteht als Handlungsansatz.

Im Zuge der Industrialisierung in Deutschland ab ca. 1850 suchten viele Menschen in den Manufakturen der Städte ihr Glück, eine eigene Familie zu gründen und aufzubauen. Das Leben der Menschen bestand vorwiegend aus Arbeit. Und trotzdem lebten sie aufgrund des geringen Lohnes in Armut. Die in Armut lebenden Menschen wurden für die Kommunen zum Problem. Zum einen erklärte sich der Staat zuständig und die Grundlagen des ausdifferenzierten Versicherungswesens, heute in den unterschiedlichen Sozialgesetzgebungsbüchern ausdifferenziert niedergeschrieben, entstanden. Zum anderen wurden ehrenamtliche Hilfen und Unterstützungs- oder Rettungshäuser aufgebaut. Sie wurden später von professionellen Hilfen seitens der Kommunen abgelöst. Die Gestaltung kommunaler und gesellschaftlicher Rahmenbedingungen stellt den Beginn des Sozialstaates sowie den Anfang der Sozialarbeit dar (vgl. Schilling/Klus 2018, S. 28ff).

In der Lehre und Disziplinbildung gibt es unterschiedliche, zeitlich parallel verlaufende Entwicklungen: 1922 erhält Herman Nohl in Göttingen eine ordentliche Professur für angewandte Philosophie im Bereich der Pädagogik. In das Zentrum seiner Überlegungen stellt Nohl die theoretische Entwicklung der Fürsorgepädagogik, der späteren Sozialpädagogik, die er hermeneutisch-geisteswissenschaftlich entwickelt und als individuelle Einzelleistung in sozialen Problemlagen versteht (vgl. Wendt 2017 S. 35 ff.). In das theoretische Zentrum der Fürsorgepädagogik stellt Nohl den „Pädagogischen Bezug" – auch mit Rückgriff auf Pestalozzis Arbeit in Stans. Er grenzt sich bewusst von sozialwissenschaftlichem Wissen ab und setzt sich folgenreich gegenüber dem früheren sozialpädagogischen Verständnis von Natorp, der Sozialpädagogik als Willenserziehung einer Gruppe betrachtet, durch (vgl. Niemeyer in seinem Aufsatz zum „pädagogischen Bezug" 2018).

Vor allem aus der bürgerlichen Frauenbewegung entstehen zeitlich parallel Anfang des 20. Jahrhunderts erste soziale Fachschulen. In Anlehnung an die Medizin entwickelt Alice Salomon, die Begründerin der ersten Fachschule in Deutschland in Berlin 1925 (vgl. Wendt 2017, S. 88) das Modell sozialer Diagnostik (vgl. ebd. S. 110 f). Neben der Gemeinwesenarbeit im Zuge der Industrialisierung entstehen methodische Modelle und Theorien der Einzelfallarbeit. Nach dem zweiten Weltkrieg, in dem viele soziale Einrichtungen und Schulen dem nationalsozialistischen Gedankengut gleichgeschaltet wurden und dieses übernommen haben, ist fachlich-theoretisch eine Hinwendung zu methodisch ausgewiesenem, kritisch-rationalem Vorgehen sowie praxisorientiert ebenfalls eine Hinwendung zu methodisch ausgewiesenem Arbeiten in Anlehnung an angloamerikanische Vorbilder, dem social work, zu beobachten (vgl. ebd.). Die sozialen Fachschulen und späteren höheren Fachschulen wurden schließlich Anfang der 70er Jahre als „Trittbrettfahrer" im Zuge der Akademisierung praxisbezogener Professionen und technisch-handwerklicher Berufe zu Fachbereichen an Fachhochschulen. An den Fachhochschulen wurden Sozialpädagogik und Sozialarbeit zunächst als zwei voneinander getrennte Professionen gelehrt.

Nun waren zwei unterschiedliche, akademische Orte, an denen Theorien in der Sozialpädagogik und Sozialarbeit gelehrt wurden, entstanden. An den Universitäten wurde Sozialpädagogik/Sozialarbeit in der Regel als Subdisziplin der Erziehungswissenschaft gelehrt. Hier entstanden in Abgrenzung zu Nohls Ansatz Theorien der Sozialpädagogik, die zusehends auch sozialwissenschaftliches Wissen aufnahmen. Der Hochschulabschluss lautete: Diplom Pädagoge bzw. Diplom Pädagogin. An den Fachhochschulen wurde in der Regel das wissenschaftliche Wissen über Kolleg:innen, die aus Bezugswissenschaften kamen, gelehrt. Hierzu gehören insbesondere die Soziologie, die Psychologie, die Medizin, die Rechtswissenschaft, die Erziehungswissenschaft, die Medienpädagogik, die Philosophie und an Hochschulen in christlicher Trägerschaft auch die Theologie. Lehrende mit besonderen Aufgaben, Sozialarbeitende aus der Praxis, sollten die Haltung und die Methodik der Sozialpädagogik bzw. der Sozialarbeit lehren. Beiden Professionen wurde kein eigenständiges theoretisches Wissen zugeschrieben. Ende der 90er Jahre wurden an vielen Fachhochschulen zum einen die zwei Professionen Sozialpädagogik und Sozialarbeit zu Studiengängen der Sozialen Arbeit zusammengeführt, weil sich beide Bereiche nicht isoliert voneinander als getrennte Professionen darstellen ließen. Schließlich beschreiben beide Handlungsformen in dem dialektischen Verhältnis von Individuum und Gesellschaft – nur mit unterschiedlichem Schwerpunkt. Zum anderen gingen immer mehr Fachhochschulen hin und wandelten die Stellen der Lehrenden mit besonderen Aufgaben um in Professuren. So entstanden an den Fachhochschulen immer mehr Professuren mit einem Schwerpunkt im Bereich der Theorien und Konzepte Sozialer Arbeit. In der Sozialen Arbeit werden in der Folge immer mehr eigenständige Forschungen durchgeführt und Theorien formuliert. So bildet sich langsam ein eigenes Disziplinverständnis aus.

Die 1999 verfasste Erklärung europäischer Bildungsminister in Bologna, der sogenannte „Bologna-Prozess", sieht in Europa gleiche Abschlüsse vor. Die in Deutschland neu entstehenden Bachelor- und aufbauenden Masterabschlüsse an (Fach-)Hochschulen und Universitäten werden gleichgestellt. Viele Fachhochschulen verändern als Universitäten angewandter Wissenschaften ihren Namen in Hochschulen, um eine stärkere Gleichwertigkeit zu Universitäten auszudrücken. Der Bologna-Prozess stellt eine besondere Chance für die Soziale Arbeit dar, da diese nicht als Subdisziplin begriffen, sondern als eigenständige Disziplin und Profession fast ausschließlich an (Fach-)Hochschulen gelehrt wird. Das Profil und Selbstverständnis vieler Lehrender an Fachhochschulen umfasst neben der Lehre und Weiterbildung auch die Forschung. Forschungsförderprogramme speziell für (Fach-)Hochschulen werden von Ministerien ausgeschrieben. (Fach-)Hochschulen erwerben zunächst in Kooperationen mit Universitäten und schließlich auch über eigene Länderprogramme unter Erfüllung nachgewiesener Forschungsaktivität der Lehrenden Promotionsrecht. Dieser Prozess stellt sich bis heute länderweit unterschiedlich dar. 2014 definiert sich Soziale Arbeit schließlich in der internationalen Definition als „akademische Disziplin und Profession" und nicht mehr nur als Profession. Sie beansprucht, Disziplintheorien aus sich heraus zu entwickeln und eigenständig Forschung durchzuführen. Der Prozess zur Entwicklung einer anerkannten eigenständigen Disziplin und Profession ist noch lange nicht abgeschlossen, und er wird kontrovers diskutiert. So ist die Rede von „diffuser Allzuständigkeit" oder „Semiprofession" (Dewe/Otte 2018, 1836) aufgrund gesellschaftlicher Abhängigkeiten (s. die Hinweise in Kap. 2.3). Soziale Arbeit kann als eine sich immer stärker herausbildende Profession und Disziplin begriffen werden.

> **Soziale Arbeit beinhaltet die Traditionsstränge Sozialpädagogik und Sozialarbeit**
>
> Wir folgen der Interpretation, dass Soziale Arbeit als künstlich geschaffener Konvergenzbegriff die Bezeichnung einer eigenständigen Disziplin und Profession ist, der aus den Theorie- und Professionssträngen der Sozialpädagogik und der Sozialarbeit entstanden ist (Lambers 2020, S. 256). Den Theorien ist gemeinsam, dass sie soziales Miteinander in dem Spannungsverhältnis von Individuum und Gesellschaft mit Blick auf gesellschaftlich relevante Herausforderungen in den Blick nehmen. Im Traditionsstrang der Sozialpädagogik stehende Theorien der Sozialen Arbeit betonen die individuums- bzw. subjektorientierte Seite, die Unterstützung der einzelnen Person bzw. Formen der Integration. Im Traditionsstrang der Sozialarbeit stehende Theorien der Sozialen Arbeit heben hingegen die Veränderung gesellschaftlicher Rahmenstrukturen bzw. Formen der Inklusion hervor. Und drittens beschäftigen sich Theorien mit Fragen der Besonderheit der Profession und der Professionalisierung Sozialer Arbeit sowie ihrer gesellschaftlichen Funktion.

3.2 Überblick - wie viele Disziplintheorien gibt es?

Mit Blick auf die unterschiedlichen Reichweiten und Ebenen von Theorien (Kap. 2.2) gibt es vor allem viele Publikationen, die theorie- und zugleich handlungsfeldbezogen ausgerichtet sind, sogenannte middle-Range-Theorien. Hierzu gehören vor allem viele für die Soziale Arbeit relevante Erziehungstheorien, die mit sozialpädagogischem Schwerpunkt vor allem in der Kinder- und Jugendhilfe greifen. Zudem gibt es viele Publikationen, die sich mit theoretischen Einzelaspekten beschäftigen und diese in unterschiedlichen Handlungsfeldern zur Anwendung bringen. Viele Theorien der Sozialen Arbeit bauen auf einzelne Theorieaspekte aus den Bezugswissenschaften auf. Dazu gehören z.B. Theorien der Dekonstruktion in Anlehnung an Jaques Derrida und Judith Butlers sprachwissenschaftliche Theorie oder die Übertragung zentraler Aspekte ausgewählter Erkenntnistheorien, z.B. ausdrückliche Kritisch-theoretische Zugänge zur Sozialen Arbeit, anthropologische, z.B. psychoanalytisch hergeleitete Theorieinhalte der Sozialen Arbeit oder gesellschaftstheoretisch bestimmte Theorien der Sozialen Arbeit, die z.B. auf systemtheoretische Grundannahmen aufbauen. Darüber hinaus finden sich viele Weiterentwicklungen bestehender Disziplintheorien. Und auch die Autor:innen von Disziplintheorien haben ihre Theorien häufig im Laufe der Zeit weiterentwickelt oder ihre Schwerpunkte verändert. Die meisten Disziplintheorien entstehen eklektisch: Sie wählen aus unterschiedlichen disziplinübergreifenden und bezugswissenschaftlichen Theorien passende Aspekte aus und fügen sie zusammen. Dadurch werden Begriffe innerhalb einer Theorie verwandt, die es einerseits ermöglichen, einen vielfältigen Zugang zur komplexen Wirklichkeit zu beschreiben. Andererseits passen die Grundlagen der Begriffe nicht immer zusammen und werden nicht mehr theoretisch klar verortet, was sie vielschichtig und unpräzise macht. Der Kanon von Disziplintheorien Sozialer Arbeit ist mit Blick auf den Beginn und die Zugehörigkeit nicht eindeutig. Zudem können Theorien Autor:innen zugeschrieben werden (z.B. Lambers 2020) oder (unterschiedliche) Autor:innen werden Theorieinhalten bzw. Themenfeldern zugeordnet (z.B. Sandermann/Neumann 2022). So kommt es zu unterschiedlichen Systematisierungen.

Eine Zusammenstellung aller dieser Theorien gibt es nicht. Wahrscheinlich ist sie aufgrund der Vielfältigkeit der Inhalte, mangelnder Kriterien einer klaren Abgrenzung und einer stetigen Weiterentwicklung nicht leistbar und auch gar nicht wünschenswert, weil unnötige Abgrenzungen entstehen würden. Vielmehr zeugen die vielen Publikationen von der Vielfältigkeit und der lebendigen, steten Weiterentwicklung der Disziplin und Profession Sozialer Arbeit. Das Verständnis, welche Theorien als Disziplintheorien anzusehen sind, ist nicht eindeutig. Während beispielsweise die meisten Autor:innen die Lebensweltorientierte Soziale Arbeit zu den Disziplintheorien zählen, sprechen Hammerschmidt und Aner diesem Ansatz ab, den Status einer Disziplintheorie Sozialer Arbeit zu haben (Hammerschmidt/Aner 2022, S. 12). Innerhalb des theoretischen Strangs der Sozialpädagogik werden viele Erziehungstheorien als Disziplintheorien dazugezählt, mit Blick auf die Soziale Arbeit werden sie eher den middle-Range-Theorien zugerechnet, weil sie sich nicht auf alle Handlungsfelder beziehen.

Ausgesprochene und im Fachdiskurs anerkannte handlungsfeldübergreifende Disziplintheorien, die weitestgehend die in Kap. 2.4 genannten Kriterien erfüllen, werden in Überblicksbüchern besprochen. Auch diese können nicht den Anspruch erheben, in der Abgrenzung zweifelsfrei klar und umfassend zu sein. Auch der Kanon der genannten Theorien und Theoretiker:innen ist nicht einheitlich. Lambers (2020), um eine Zahl zu nennen, bearbeitet in dem vergleichenden Kompendium zu Theorien Sozialer Arbeit 32 Theorieansätze. Im Folgenden macht es aus pragmatischen Gründen trotz fehlender Eindeutigkeit über den genauen Kanon an Theorien Sozialer Arbeit Sinn, sich an den vorliegenden Kompendien zu Theorien der Sozialen Arbeit zu orientieren. Diese nehmen zugleich Strukturierungen und erste Zuordnungen vor.

3.3 Strukturierung – wie lassen sich unterschiedliche Disziplintheorien zuordnen?

Es gibt mehrere Kompendien, also kurz zusammenfassende Lehrbücher, sowie Handbuch- und Wörterbuchartikel zu Theorien der Sozialen Arbeit (Borrmann 2016; Füssenhäuser/Thiersch 2015; Hammerschmidt u.a. 2022 und 2023; Lambers 2020; May 2010; May/Schäfer 2018; Rauschenbach/Züchner 2012; Sandermann/Neumann 2022; Thole 2012) (vgl. zu dieser Übersicht Sandermann/Neumann 2022, 15). Handbücher, Wörterbücher und auch Einführungsbücher in Soziale Arbeit umfassen zudem die Erklärung zentraler Fachbegriffe Sozialer Arbeit, die ebenfalls wichtige Theoriebestandteile Sozialer Arbeit erläutern. Die Übersichtsbücher sind kritisch zu betrachten bzgl. der Ein- und Ausschlusskriterien ihrer Systematisierungen sowie ihrer genderreflektierten und differenztheoretischen Perspektive. Das den Lehrbüchern zugrunde liegende „Mapping" sollte nicht verstanden werden als „Erstellung eines gültigen Kanons, sondern (vielmehr als, H.M.) ein Ringen um Widersprüche und Konflikte der sozialen Voraussetzungen eines Lehrangebotes (erkenntnistheoretische wie gesellschaftliche Ungleichheiten) sowie um individuelle Voraussetzungen, sich Theorien aneignen zu können" (Eichinger/Smykalla 2023, S. 88). Je intensiver die Detailkenntnis einzelner Theorien ist, desto weniger treffen vorgenommene Schwerpunktsetzungen in Überblicksbüchern zu. Trotzdem macht es Sinn, zunächst einen ausgewählten Überblick über Disziplintheorien Sozialer Arbeit zu geben. Dieser sollte aber nicht als abgeschlossener oder ausgewogener Kanon missverstanden werden. Beispielhaft werden im Folgenden das Kompendium von Lambers (2020) mit dem Überblicksartikel zu Theorien Sozialer Arbeit von Thole (2012) bzgl. ihrer Strukturierung von Theorien Sozialer Arbeit verglichen.

Lambers nimmt unterschiedliche Strukturierungen und Einordnungen vor. Zunächst ordnet er Disziplintheorien nach sozialpädagogischen, nach sozialarbeitswissenschaftlichen Theorien und schließlich nach Theorien der Wissenschaft Sozialer Arbeit:

4. Erste sozialpädagogische Theorieentwicklungen: Paul Natorp, Herman Nohl
5. Erste fürsorgewissenschaftliche Theorieentwicklung und nordamerikanische Ansätze: Alice Salomon, Mary Ellen Richmond, Laura Jane Addams, Ilse Arlt, Christian Jasper Klumker, Hans Scherpner
6. zweite sozialpädagogische Theorieentwicklung: Klaus Mollenhauer, Karam Khella, Hans Thiersch, Hans-Uwe Otto und Bernd Dewe, Michael Winkler, Lothar Böhnisch
7. sozialarbeitswissenschaftliche Theorieentwicklung: Louis Lowy, Lutz Rössner, Marianne Heger und Karlheinz A. Geißler, Lieselotte Pongratz, Carel B. Germain und Alex Gitterman, Wolf Rainer Wendt, Silvia Staub-Bernasconi, Heiko Kleve, Tilly Miller, Dieter Röh, Jan V. Wirth
8. Theorien der Wissenschaft Soziale Arbeit: Peter Sommerfeld, Björn Kraus, Wilfried Hosemann und Wolfgang Geiling, Wolf Ritscher, Bringfriede Scheu und Otger Autrata, Werner Schönig, Michael Bommes und Albert Scherr.

Die Theorien werden dann nach ihrer disziplintheoretischen Wurzel verortet. Lambers unterscheidet dabei die folgenden Disziplinen: Philosophie/Pädagogik, Psychoanalyse, Nationalökonomie, Soziologie, Chicagoer Schule der Soziologie (S. 246-260). Als nächstes charakterisiert Lambers die Theorien nach ihrem Bezugsproblem und ihrem wissenschaftlichen Gegenstand (S. 261-281). Im Anschluss werden Formen der Erkenntnisgewinnung und Merkmale der Theorien beschrieben, um eine auf Gemeinsamkeiten vergleichende Neutypisierung nach vorwissenschaftlichen Beobachtungen, die nicht abstrakte Theoriekriterien, sondern Bezugsprobleme wie effektiver Umgang mit Verhaltensabweichungen oder die Bekämpfung von Armut usw. (S. 301) hervorheben (ab S. 282-359). Und schließlich stellt Lambers eine Einordnung der Theorien nach bedeutsamen Bezugstheorien vor (Lambers 2020, S. 319). Dabei wird deutlich, wie vielfältig die Bezüge einer Theorie Sozialer Arbeit sein können und dass mit Blick auf dieselben Bezugstheorien unterschiedliche Schwerpunkte in Theorien Sozialer Arbeit akzentuiert werden.

Aus dem Kompendium von Helmut Lambers heraus sind in Zusammenarbeit mit Martin Klein Interviews mit zahlreichen Theorievertreter:innen Sozialer Arbeit entstanden (www.theorien-sozialer-arbeit.de). Auf der Homepage finden sich Interviews mit Bringfriede Scheu und Otger Autrata, Lothar Böhnisch, Wilfried Hosemann und Wolfang Geiling, Karam Khella, Heiko Kleve, Björn Kraus, Tilly Miller, Hans-Uwe Otto, Wolf Ritscher, Dieter Röh, Albert Scherr, Werner Schönig, Peter Sommerfeld, Silvia Staub-Bernasconi, Hans Thiersch, Wolf Rainer Wendt, Michael Winkler und Jan Volker Wirth. Die Interviews gewähren Originaleindrücke von dem jeweiligen theoretischen Verständnis und Schwerpunkt. Sie sind wertvolle Dokumente und Abbildungen der Vielfalt der Disziplin Sozialer Arbeit.

Werner Thole unterteilt die Theorien Sozialer Arbeit in drei Traditionslinien, die er jeweils mit einer kurzen Erläuterung noch einmal in Ansätze und Modelle unterteilt ((4)2012, S. 36):

Sozialpädagogische Traditionslinie
- Transzendental-philosophischer Ansatz: P. Natorp, K. Mager, P. Bergemann, E. Bornemann
- Geisteswissenschaftlicher Ansatz: H. Nohl, A. Fischer, G. Kerschensteiner, E. Weniger, E. Siegel
- Psychoanalytisch orientierte Ansätze: S. Bernfeld, A. Aichhorn
- Emanzipatorischer, kritisch-materialistischer Ansatz: C. Mennicke, K. Mollenhauer
- Marxistisch orientierter Ansatz: K. Khella, D. Danckwerts

Fürsorgerische, wohlfahrtspflegerische und sozialarbeiterische Traditionslinie
- Individuumszentrierter „Rettungs"ansatz: J.H. Wichern
- Diagnoseorientiertes Hilfemodell: A. Salomon, H. Kraus
- Staatsorientiertes, fürsorgewissenschaftliches Modell: G. Bäumer, H. Lattke, C. Klumker, K. Scherpner
- Bedürfnisorientierter Ansatz: I. Arlt

Neuere Theorietraditionen (S. 42):
- Systemtheoretische Ansätze: L. Rössner, M. Bommes und A. Scherr, R. Merten, F. Hillebrandt
- bildungstheoretischer Ansatz: H. Sünker
- Reflexiver, kritisch-subjektiver Ansatz: M. Winkler
- Ökosozialer Ansatz: W.R. Wendt
- Modernisierungstheoretische, dienstleistungsorientierte Ansätze: Th. Olk, Th. Rauschenbach
- Lebensweltlicher Bewältigungsansatz: H. Thiersch, L. Böhnisch
- Soziale Arbeit als Menschenrechtsprofession: S. Staub-Bernasconi
- Reflexive, professionstheoretische Ansätze: B. Dewe und H.-U. Otto; Ch. Niemeyer
- Capabilities Ansatz: „Bielefelder Schule"

Thole merkt an, dass die personellen Zuordnungen und Theoriecharakterisierungen stark typisiert sind. Andernfalls kommt es zu vielen Mehrfachzuordnungen und ein Überblick wird kaum noch möglich. Theorien Sozialer Arbeit können einer eher sozialpädagogischen und eher sozialarbeiterischen Traditionslinie zugeordnet werden. Neuere Theorietraditionen lassen sich nach zentralen Anliegen bzw. Themenfeldern unterscheiden und charakterisieren. Die Strukturierungen von Thole finden sich größtenteils auch bei Lambers wieder, der allerdings, wie im Überblick dargestellt, mehrere unterschiedliche Strukturierungen vornimmt. Die den Ansätzen zugeordneten und jeweils benannten Theoretiker:innen sind bei Thole und Lambers größtenteils übereinstimmend. Aber es finden sich auch Vertreter:innen von Theorien, die nur in einer Zusammenstellung auftauchen.

Mit Blick auf das dialektische Verhältnis von Individuum und Gesellschaft, auf das sich Disziplintheorien Sozialer Arbeit beziehen, ist die folgende graphische Übersicht entstanden. Nach ihr können schwerpunktbezogene Zuordnungen der Theorien vorgenommen werden:

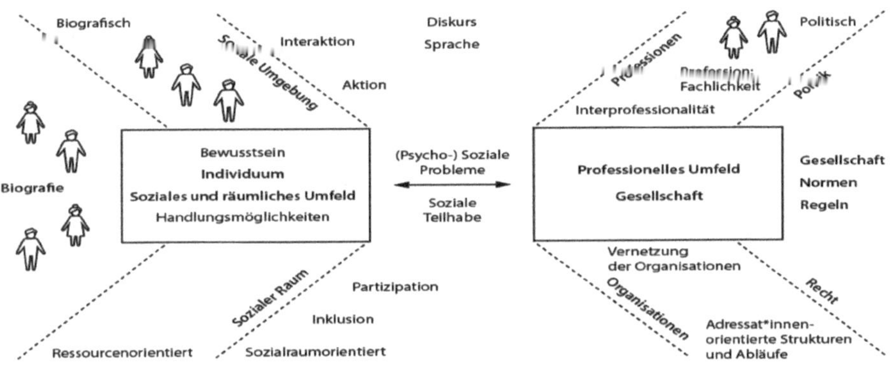

Abb 6: Inhalte Sozialer Arbeit (Mennemann/Dummann 2020, S. 172)

Theorien, die subjekttheoretisch eher dem Traditionsstrang der Sozialpädagogik zugeordnet werden können, lassen sich auf der linken Seite der Graphik je nach theoretischer Schwerpunktsetzung verorten. Eher dem sozialarbeiterischen Strang zuzurechnende Theorien, die stärker die Bedeutung der gesellschaftlichen Rahmenbedingungen betonen, lassen sich auf der rechten Seite zuordnen. In dem Buch „Einführung in die Soziale Arbeit" wurden erste Theoriezuordnungen vorgenommen (ebd. S. 172). Diese Zuordnungen gewähren eine erste grobe Strukturierung. Immer mehr Theorien nehmen im Sinne einer Wissenschaft Sozialer Arbeit das gesamte dialektische Verhältnis gleichermaßen in den Blick.

3.4 Synopse - wie lassen sich die Kernaussagen der Disziplintheorien vergleichen?

Jede Einführung und jeder Überblick über Theorien der Sozialen Arbeit steht vor der Schwierigkeit, die Breite der Theorien darzustellen und zugleich ihre jeweilige Tiefe ansatzweise zu erfassen. Die einzelnen Theorien sind differenzierter und tiefer in andere Theorien eingelassen und dort verortet als sie in einem Überblick stark typisiert und dadurch zum Teil verzerrt zur Sprache kommen können. Zudem stellen die Theorien selber nicht immer eine abgeschlossene Einheit dar und können unterschiedlich wahrgenommen und interpretiert werden.

Die folgenden Auflistungen von Theorien können nur kurz zentrale Inhalte benennen. Der Zweck ist, die Vielfältigkeit der Theorien Sozialer Arbeit im Ansatz darzustellen und vor allem Interesse wecken, selber in der Primärliteratur vertiefend weiterzulesen. Zunächst werden einige Disziplintheorien etwas ausführlicher dargestellt. Dann werden viele weitere Theorien ihrem Schwerpunkt nach in wenigen Sätzen gekennzeichnet und schließlich werden die Zuordnungen der Theorien zu ihren Schwerpunkten im Vergleich einiger Überblicksbücher benannt. Zum Zweck des schnellen und kurzen Einlesens in Primärliteratur wird zu einer Auswahl von Disziplintheoretiker:innen im Literaturverzeichnis jeweils eine Empfehlung für einen kurzen Primärtext genannt. In den Überblicksbüchern zu Theorien Sozialer Arbeit finden sich schließlich weitere Primär- und Sekundärliteraturhinweise (Borrmann 2016; Füssenhäuser/Thiersch 2015; Hammerschmidt u.a. 2022 und 2023; Lambers 2020; May 2010; May/Schäfer 2018; Rauschenbach/Züchner 2012; Sandermann/Neumann 2022; Thole 2012). Es wird empfohlen, mit den Theoretiker:innen anzufangen, die das Interesse durch die kurzen Zuordnungen geweckt haben.

Um in einem ersten Schritt den zentralen inhaltlichen Kern einiger Theorien darzustellen sowie diese in Anlehnung an die Ausführungen zu den Bestandteilen von Theorien vorzugehen, werden acht Disziplintheorien jeweils nach den folgenden Kriterien dargestellt:

a. Erkenntnisinteresse und -ziel: zentrale Fachbegriffe, betrachtete Wirklichkeit und Handlungsoptionen

b. Theorietraditionen: (erkenntnis-)theoretische Hintergründe und Vorannahmen

c. kritische Besprechung

Eine ausführliche Darstellung der in Kap. 3.3 aufgelisteten Theoretiker:innen der Sozialen Arbeit ist für diese Publikation zu groß. Da sei auf die vorhandenen, bereits aufgelisteten Kompendien sowie Hand- und Wörterbuchartikel verwiesen. Um für einen ersten Einblick eine gewisse Breite unterschiedlicher und sich zum Teil ergänzender Theorien darzustellen, werden nach den drei Kriterien eher stichpunktartig im Überblick die folgenden Ansätze dargestellt:

- Bildungstheoretischer und Lebensweltorientierter Ansatz: Hans Thiersch
- Bewältigungsansatz: Lothar Böhnisch
- subjekttheoretischer Ansatz; eine Theorie der Sozialpädagogik: Michael Winkler
- Ökosozialer Ansatz: Wolf Rainer Wendt
- Systemtheoretisch-konstruktivistischer Ansatz, Soziale Arbeit in der Postmoderne: Heiko Kleve
- Marxistisch orientierte Soziale Arbeit: Karam Khella

- Systemtheoretisch-ontologischer Ansatz; Soziale Arbeit als Menschenrechtsprofession: Sylvia Staub-Bernasconi
- Reflexiver-professionstheoretischer Ansatz: Bernd Dewe und Hans-Uwe Otto

Ziel der überblicksartigen Darstellungen kann nicht die differenzierte und vollständige Wiedergabe sein. Vielmehr wird der Fokus der jeweiligen Theorien angesprochen, um sie im Anschluss miteinander vergleichen und für die eigenen theoretischen Überlegungen (Kap. 4) verwenden zu können.

Die Auswahl der Theorien lässt sich für alle Überblicke nicht schlüssig begründen. Denkbare Auswahlkriterien wie Bekanntheitsgrad, Praxisrelevanz, Vielfalt und Aktualität sind nicht empirisch trennscharf. Mit ihnen ließe sich nicht begründen, warum einige Theorien nicht ausgewählt wurden. So entbehrt die jeweilige Auswahl nicht einer Zufälligkeit.

1. Bildungstheoretischer und Lebensweltorientierter Ansatz: Hans Thiersch (1935)

a. Erkenntnisinteresse und -ziel: betrachtete Wirklichkeit und Handlungsoptionen

Thiersch wendet sich den Menschen in ihrer jeweiligen alltäglichen Lebenssituation konkret „vor Ort" zu. Sein Denken geht von den Menschen und ihrer Lebenssituation aus. Thiersch interessiert sich wertschätzend konkret für die Menschen und ihre sozialen Lebensmöglichkeiten (Thiersch 2014, S. 5). Sozialarbeitende haben die Aufgabe, sich konkret der Lebenswelt der Menschen zuzuwenden (phänomenologischer Ansatz), ihnen zuzuhören, die Lebenswelt und den herausgebildeten Eigensinn zunächst einmal zu verstehen (hermeneutische Grundlage). Ziel Sozialarbeitender ist ein Beitrag zu einem „gelingenderen Alltag" (Thiersch 2006, S. 48) der Menschen, die professionelle Hilfe benötigen. Jeder Mensch hat einen Alltag, in dem sich gesellschaftliche Verhältnisse widerspiegeln. Menschen handeln vor allem routinebezogen in ihrer Normalität und nur in Teilen reflektiert und bewusst. Die Normalität ist ein Ergebnis von konkreten Sozialisationsprozessen und Zuschreibungen (symbolischer Interaktionismus). Thiersch verwendet die Begriffe Lebenswelt und Alltag häufig synonym, obwohl der Lebensweltbegriff ursprünglich aus der Phänomenologie kommt – er ist ein von Husserl geschaffener Kunstbegriff, um das Undefinierbare und letztlich nicht Fassbare, das nach Husserl im Zentrum der Philosophie des 20. Jahrhunderts stehen sollte: die gesamte Welt eines einzelnen Lebens – und der Alltagsbegriff nach Karel Kosik aus dem marxistischen Denken (Thiersch 2006, S. 40). Marxistisch betrachtet gibt es kapitalistisch geprägt einen pseudokonkreten Alltag (Kosik 1970, S. 9), die Menschen leben in einer falschen Welt, und einen sozialistisch aufgeklärten, bewusst gestalteten Alltag. Diese Denkfiguren wendet Thiersch individuell an und enthebt den Alltagsbegriff seiner radikal gesellschaftskritischen, marxistischen Wurzeln. Eine Aufgabe Sozialarbeitender ist es, die individuelle Lebenswelt der gesellschaftlich geprägten Pseudokonkretheit, die Mischung aus unreflektiertem Handeln in Routinen und reflektiertem, bewusstem Handeln, da aufzuklären, wo sie nicht hilfreich ist (ursprünglich gesellschaftskritischer, marxistischer Ansatz).

Dazu ist hilfreich, sowohl empirisches Wissen über die Gruppe der Personen mit Unterstützungsbedarf zu haben (kritisch-rationaler Zugang) als auch konkret soziale Räume, Zeiten und Beziehungen der Menschen im biographischen und gesellschaftlichen Kontext zu betrachten (Kritisch-theoretische Zugänge).

Thiersch formuliert Entwicklungs- und Strukturmaxime Sozialer Arbeit, die zentrale Inhalte seiner Theorie zum Ausdruck bringen (Thiersch 2014, S. 26 ff.). Hierzu zählen: Prävention, Regionalisierung/Dezentralisierung, Erreichbarkeit, Niedrigschwelligkeit, Integration, Normalisierung, Inklusion, Partizipation, Demokratisierung, vernetzen, planen, sich politisch einmischen, aushandeln, reflektieren, methodisch „offen strukturiert" vorgehen.

Handlungsorientiert steht eine partizipative, empowernde Begegnung mit den Menschen im Zentrum. Das Vorgehen ist sowohl grundsätzlich in Form einer Beratung strukturiert als auch situativ und prozessbezogen offen. Gesellschaftskritisch sind die Aufklärung der Menschen über gesellschaftlich geprägte Pseudokonkretheiten sowie die Einmischung in politische Entscheidungen über Rahmenbedingungen wichtig.

b. Theorietraditionen: (erkenntnis-)theoretische Hintergründe und Vorannahmen

Thiersch greift auf unterschiedliche Theorietraditionen zurück, ohne diese stets explizit zu erarbeiten. Er folgt im Grundsatz stärker einem phänomenologischen Interesse als Bewegungsrichtung, sich der Lebenswelt von Menschen zuzuwenden und den herausgebildeten Eigensinn der Menschen verstehen zu wollen, ohne die strenge Methodik der Phänomenologie zugrunde zu legen. Der Versuch des Verstehens geschieht in dem Wissen, dass ein letztes Verstehen nicht möglich ist. Diese wertschätzende auf Menschen zugehende Bewegung ist Thiersch wichtiger als eine klare theoretische Verortung der Fachbegriffe Alltag, Alltäglichkeit, Lebenswelt und Pseudokonkretheit in den Theorietraditionen mit entsprechenden Abgrenzungen.

Thiersch beansprucht, auf drei Theorietraditionen aufzubauen, und aus diesen das für die Theorie lebensweltorientierter Sozialer Arbeit Zentrale und Brauchbare herauszuarbeiten und zu verwenden (Thiersch 1978, S. 11ff.):

- geisteswissenschaftlich-hermeneutische Tradition (Hermeneutik, Phänomenologie)
- realistische Wendung (Kritischer Rationalismus)
- emanzipative oder gesellschaftskritische Wendung (Kritische Theorie, Symbolischer Interaktionismus)

c. kritische Besprechung

Der Begriff der Lebenswelt ist zunächst eine Metapher, ein Kunstbegriff. Das macht ihn vielfältig anschlussfähig und interpretierbar. Zugleich besteht die Gefahr einer theoretischen Unschärfe. Im Zentrum steht die Hinwendung zur Lebenswelt der Person mit Unterstützungsbedarf, damit sind eine (macht-)theoretische Selbstreflexion konkrete Handlungsorientierung noch nicht thematisiert.

Wahrscheinlich gibt es keine weitere Theorie, die so häufig in Theorie und Praxis zitiert bzw. angewandt wird (Eichinger/Smykalla 2023, 83). Die lebensweltorientierte Soziale Arbeit liegt dem 8. Kinder- und Jugendhilfebericht zugrunde. Damit ist die Theorie Grundlage politischer Rahmenbedingungen geworden. In der primären Zuwendung zum Menschen als Subjekt und einer konkreten, ethisch und fachlich verantworteten Beziehungsgestaltung steht die Lebensweltorientierte Soziale Arbeit primär in der Tradition der Sozialpädagogik.

2. Bewältigungsansatz: Lothar Böhnisch (1944)

a. Erkenntnisinteresse und -ziel: betrachtete Wirklichkeit und Handlungsoptionen

Während Thiersch sich eher beschreibend und wahrnehmend der Lebenswelt der Menschen zuwendet, interessiert sich Böhnisch, der an die Lebensweltorientierte Soziale Arbeit anknüpft und bei Thiersch promoviert hat, stärker für intrapersonale Vorgänge. Es gelingt ihm, die Theorie nach Thiersch um die Beobachtung und Analyse von Bewältigungshandeln der Personen mit Unterstützungsbedarf zu vertiefen (Dollinger/Schröer 2013, insb. Kap. 3+4; Böhnisch 2016).

Böhnisch greift gesellschaftstheoretisch in Anlehnung an Ulrich Beck das Individualisierungstheorem auf (1986), das das subjektive Bewusstsein und die Lebenslagen der Menschen in der „zweiten Moderne" beschreibt. Danach haben die Menschen im Zuge der Aufklärung mit Blick auf Ihr Bewusstsein und die Lebenslage drei Prozesse durchlaufen: eine Freisetzung von oder Herauslösung aus tradierten Rollenmustern, einen Stabilitätsverlust, der mi einer Entzauberung der zuvor bindenden Kräfte einhergeht, sowie eine Art oder Kontrolle bzw. Wiedereingliederung in gesellschaftliche Vorgaben (Beck 1986, S. 207). Individualisierung meint also nicht eine beliebige Freiheit, sondern die Herausbildung neuer Einbindungsstrukturen und -prozesse. Im Zuge der zweiten Moderne stellen sich den Menschen, die „Bausätze biographischer Kombinationsmöglichkeiten" (Beck 1986, S. 217) zusammenstellen und die für ihren Lebensweg und ihr Glück selber verantwortlich gemacht werden, verstärkt Identitäts- und Bewältigungsaufgaben. Diese will Böhnisch unter Hinzunahme individualpsychologischer Theorien sowie Coping-Konzepten verstehen und erklären sowie Sozialarbeitende befähigen, die Menschen bei der Bewältigung von Herausforderungen zu unterstützen (Böhnisch 2008, S. 46ff.). Im Zentrum der Wahrnehmung sozialen Verhaltens stehen bei Böhnisch

- Prozesse innerer und äußerer Abspaltung: Selbstverletzung und sogar -hass sowie gesellschaftlich nicht akzeptiertes Verhalten, um sich zu erleben und Anerkennung zu erhalten
- eine Anthropologie, die von einem Gleichgewichtsdenken ausgeht,
- ein Erklärungsmodell moderner Anomie: Menschen erfahren sich unsicher in (scheinbarer) Freiheit auf der Suche nach wirksamer Selbstbestimmung und Anerkennung. Auf der einen Seite wird den Menschen Selbstbestimmung und

Selbstverantwortung zugesprochen. Auf der anderen Seite erleben sie viele äußere und innere Abhängigkeiten und Ungerechtigkeiten,

- die Bedeutung sozialer Milieus als Rahmenbedingungen der Menschen.

Aggressives Verhalten von Jugendlichen deutet Böhnisch beispielsweise als Kompensationsverhalten von Minderwertigkeitsgefühlen (Böhnisch 2008, S. 139ff.). Böhnisch nimmt die Lebenslage, die Bewältigungslage und die Lebensbewältigung in den Blick. Er thematisiert Selbstwertverlust und Abspaltungsdruck, soziale Orientierungslosigkeit, sozialen Rückhalt und Normalisierungshandeln sowie insgesamt die Lebenslage und Bewältigungslage (Böhnisch 2008. Kap. 2.2).

Handlungsorientiert möchte Böhnisch Bildungsprozesse auf der Grundlage einer verstehenden und akzeptierenden Grundhaltung und bewältigungsdynamischen Verstehens mit Blick auf die drei Dimensionen ermöglichen. Mit Blick auf das Bewältigungshandeln des Subjekts ist es Aufgabe Sozialer Arbeit, zum bisherigen Erleben veränderte Beziehungs- und Ermöglichungsräume zu kreieren. Aufgaben von Sozialarbeitenden ist es zu beobachten, Inhalte zu differenzieren, zu akzeptieren, sich zu distanzieren, zu kommunizieren, auszuhandeln und insgesamt Teilhabe zu ermöglichen. Dazu hebt er u.a. Handlungsformen wie Empowerment und Befähigung, Fallverstehen, Beratung, Krisenintervention, Milieubildung und Netzwerkorientierung sowie Förderung bürgerschaftlichen Engagements und Gemeinwesenorientierung hervor (Böhnisch 2008, S. 312 ff.).

b. Theorietraditionen: (erkenntnis-)theoretische Hintergründe und Vorannahmen

Böhnisch verbindet lebensweltorientierte Soziale Arbeit nach Thiersch mit der Individualpsychologie nach Alfred Adler (Minderwertigkeitsgefühl). Darüber hinaus nimmt er vielfältige Theorieelemente auf: Habermas (System und Lebenswelt), Durkheim (Anomietheorie, Entfremdungsprozesse), Natorp (Bedeutung von Gemeinschaft, Demokratie und Bildung), Menneke (Schwierigkeit, Freiheit in Abhängigkeit zu leben) sowie Krisen- und vor allem Coping-, also Bewältigungstheorien aus der Psychologie.

c. kritische Besprechung

Gerade in der heutigen Zeit, die als komplexe Krisensituation beschrieben werden kann, ist der Blickwinkel personenbezogenen Bewältigungsverhaltens angesichts vielfältiger Herausforderungen hilfreich. Er konkretisiert im Vergleich zur lebensweltorientierten Sozialen Arbeit intrapersonales Bewusstsein und soziales Verhalten. Zugleich bestehen die Gefahren der Überforderung der Sozialarbeitenden angesichts der Betonung unmittelbarer Beziehungsarbeit auf der Grundlage (tiefen-)psychologischen Grundlagenwissens, das Sozialarbeitende nur rudimentär haben können, und einer hohen Anforderung an Selbstreflexion angesichts eines primär intuitiven Verstehens und Handelns, das sich ohne ausreichende empirische Belege in Teilen der Selbstreflexion entzieht, sowie einer vorschnellen Deutung und Etikettierung von Verhaltensweisen.

Der individuumszentrierte Ansatz ist vor allem dem Theoriestrang der Sozialpädagogik zuzuordnen.

3. Subjekttheoretischer Ansatz; eine Theorie der Sozialpädagogik: Michael Winkler (1953)

a. Erkenntnisinteresse und -ziel: betrachtete Wirklichkeit und Handlungsoptionen

Winkler beschreibt einen theoriegeleiteten Zugang zur Sozialpädagogik. Sein Anliegen ist die Entwicklung einer systematisch hergeleiteten und begründeten Theorie, um die (Sub-)Disziplin Sozialpädagogik ihrem Inhalt nach beschreiben zu können. Damit bietet er der Sozialpädagogik ein identitätsstiftendes, umfassendes Analyse- und Handlungsmodell an. Er hat Pädagogik, Philosophie und Germanistik studiert. In seiner Habilitationsschrift „Eine Theorie der Sozialpädagogik" (1988) arbeitet Winkler zunächst Grundlagen einer Theorie heraus. Systematisch stellt er „geistige Energien" des sozialpädagogischen Diskurses dar, gesellschaftliche Fragen, die Kraftquellen der Sozialpädagogik sind, da sie aus diesen hervorgegangen ist: das Motiv der „caritas" bzw. des Mitgefühls, die säkularisierte Frage nach Strafe, die dem theologischen Motiv der Sünde zur Seite tritt, Fragen nach dem Problem der Arbeit, nach der Überwindung von Armut und nach dem (medizinischen) Umgang mit Verwahrlosung, ein politisches Motiv der Gestaltung der Rahmenbedingungen für den „mündigen" Bürger sowie schließlich die philosophische Fragestellung nach der Bestimmtheit individueller Subjektivität und ihren Rahmenbedingungen (Winkler 2021, Kap. 15). Die philosophische „geistige Energie" liegt allen anderen „geistigen Energien" zugrunde (Winkler 2021, S. 245). Er beschreibt das Verhältnis vom Menschen zur Gesellschaft. Historisch greift Winkler zurück auf Pestalozzi, der im Stanzer Brief formulierte: „Soviel sah ich bald: Die Umstände machen den Menschen. Aber ich sah ebensobald: Der Mensch macht die Umstände ..." (Pestalozzi zit.n. Winkler 2021, S. 243). Als theoretisches Strukturnetz, das aus Kategorien besteht, die der Sozialpädagogik Identität und den Sozialarbeitenden Klarheit in ihrer Wahrnehmung und ihrem Handeln geben, stellt Winkler die Werkzeuge des Denkens oder die Reflexionsoperatoren „Subjekt" und „Ort" heraus (Winkler 2021, Kap. 16). Eine sozialpädagogische Bewegungsrichtung kann wie folgt beschrieben werden: Sozialpädagog:innen beobachten den individuellen Subjektivitätsstil, um Orte pädagogisch so zu gestalten, dass die Subjekte die Möglichkeit haben, sich neue Bewusstseinsformen und Handlungsweisen anzueignen, die helfen, an der Gesellschaft besser als zuvor teilhaben zu können. Winkler arbeitet für die Sozialpädagogik einen Normativitätsmaßstab der Zuständigkeit heraus: Das ist der „Modus der Differenz" (Winkler 1988, S. 153), der in unterschiedlichen Formen auftreten kann. Diese Art und Weise im Leben zu sein beschreibt eine dauerhafte Differenz zwischen sozialen Anforderungen und dem Bewusstsein und den Handlungsformen der Menschen. Wenn Menschen grundsätzlich mit den Herausforderungen umgehen können, befinden sie sich im „Modus der Identität" (Winkler 1988, S. 152). Dann benötigen sie keine sozialpädagogische Hilfe. Mit Blick auf Klassiker der Sozialpädagogik in der Heimerziehung arbeitet Winkler unterschiedliche Ortsgestaltungen sowie Öffnungen und Beendigungen pädagogischer Orte heraus (Winkler 2021, Kap. 18). Im Zentrum der Wahrnehmung liegen der individuelle Subjektivitätsstil und die Aneignungsvorgänge der Subjekte. Handlungsoptionen liegen vor allem in der Gestaltung pädagogischer Orte, denen auch die Beziehungsarbeit zuzurechnen ist.

b. Theorietraditionen: (erkenntnis-)theoretische Hintergründe und Vorannahmen

Winkler stellt seine Ausführungen ausdrücklich in sozialpädagogische Denktraditionen. Er greift zurück auf unterschiedliche Klassiker der Pädagogik und nimmt zudem sozialwissenschaftliche Diskurse u.a. von Baumann und Luhmann auf. Er folgt dem grundlegenden, geisteswissenschaftlich-hermeneutischen Anliegen, soziale Wirklichkeit zu verstehen, übernimmt den Aneignungsbegriff von Leontjew und entwickelt in der Folge eine dialektische Gedankenfigur in der Bedeutung des pädagogisch gestaltbaren Ortes für das Aneignungshandeln des Subjekts. Winkler arbeitet theoretisch fundiert. Sein Modell von Sozialpädagogik ist sowohl in den Einzelheiten vielfältig und anregungsreich als auch in der Grundfigur klar herausgearbeitet.

c. kritische Besprechung

Der Untertitel der ursprünglich veröffentlichten Habilitationsschrift lautet: „über Erziehung als Rekonstruktion der Subjektivität". Die Subjekttheorie stellt Winkler selber ausdrücklich in sozialpädagogische Denktraditionen. Er grenzt sich von der Entwicklung einer Disziplintheorie Sozialer Arbeit ab. So stellt sich die Frage, inwiefern diese Abgrenzung notwendig und klärend ist? Winkler möchte mit der theoretischen, methodisch klar durchgeführten Selbstbesinnung der Sozialpädagogik, wie es auf dem Klappentext der Habilitationsschrift formuliert ist, letztlich dem Bedarf der praktisch tätigen Sozialpädagog:innen nach konkreten Handlungsanweisungen dienen. Aber sind die Ausführungen Winklers praxisnah genug? Kann die Kategorie des Ortes nicht weiter ausdifferenziert und konkretisiert werden? Herman Nohl hat mit Rückgriff auf Pestalozzi für die Fürsorgepädagogik, die spätere Sozialpädagogik, den „pädagogischen Bezug" als Alleinstellungsmerkmal herausgearbeitet. So lässt sich fragen, ob dieser nicht berechtigt eine eigene, dritte Kategorie darstellt.

4. Ökosozialer Ansatz: Wolf Rainer Wendt (1939)

a. Erkenntnisinteresse und -ziel: betrachtete Wirklichkeit und Handlungsoptionen

Wendt fokussiert zwischen Mensch und Gesellschaft den Zwischenraum, den versorgenden, unmittelbaren Nahraum. Das ist im Rückgriff auf die griechische Hochkultur der Oikos bzw. der Haushalt (Wendt 1982, S. 10). Wendt versteht den Begriff der Ökologie seinem griechischen Wortsinn nach in einem umfassenden Sinne als die den Menschen umgebende Umwelt: „Die Ökotheorie der Sozialen Arbeit findet ihren Gegenstand in den Lebenskreisen von einzelnen Menschen, in ihren Lebensgemeinschaften und im öffentlichen Raum" (Wendt 2010, S. 12). Wendts öko-sozialer Ansatz ist im Kern nicht zu verstehen als Teil der ökologischen Umweltbewegung, obwohl der Autor in neuen Publikationen die Nähe seiner Theorie zu Umweltdenken stärker herausstellt (Wendt 2023, S. 10ff.). Die

Fragen nach dem, was der Mensch benötigt und was er in seinem unmittelbaren Sorgeraum vorfindet, stellt Wendt in den Mittelpunkt seines Interesses: „Menschen brauchen wirtliche Verhältnisse, in denen sie in Maßen sicher sind und Versorgung finden" (Wendt 2023, S. 16). Wie der Wirt nach griechischem Vorbild den Haushalt besorgt, so sieht Wendt die Aufgabe Sozialarbeitender vorrangig darin, wirtlich sorgend für Personen mit Unterstützungsbedarf da zu sein. Wendt schafft ein eigenes Begriffssystem, indem er auf die Ursprünge der Worte eingeht und sie in die ursprünglichen Kontexte einbettet (Wendt 2021, S. 6ff.). Ihm geht es weniger um intrapersonale Aspekte oder Befindlichkeiten, sondern stärker darum, zwischen subjektiven Bedürfnissen der Menschen und gesellschaftlich-gesetzlich zugestandenen Hilfeformen den Bedarf auszuhandeln und den Sorgeraum so auszurichten, dass Bedarfe der Menschen behoben werden können. Im Sorgeraum soll ein vernetztes Gefüge der Hilfen aufgebaut werden. Wendt schafft einen Zusammenhang zwischen wirtlichem Handeln und ökonomischem, wirtschaftlichem Handeln (Wendt 2023, S. 44ff.). Damit überwindet er ansonsten häufig vorfindbare und theoretisch begründete Abgrenzungen. Wirtliches Handeln, sich zu sorgen um den Sorgeraum und die Umwelt, begreift Wendt als anthropologisch begründbares Anliegen der Menschen sowie als ethischen Anspruch. Damit grenzt er sich ab von einem den Menschen und den Raum trennenden Denken. Die Sorge um die Umwelt wird im öko-sozialen Theorieansatz stets mitgedacht.

Die von Wendt im deutschsprachigen Raum eingeführten und favorisierten Handlungsformen sind Care und Case Management (Wendt 2015). Care Management meint den fallunabhängigen Aufbau von Sorgestrukturen (s. ausführlicher zum Thema Care Management bzw. Netzwerkarbeit im Sorgeraum: https://youtu.be/N ccLMdE36qw) und Case Management meint die geschickte Steuerung der in der Hilfesituation der Menschen beteiligten Dienste (s. ausführlicher: https://youtu.b e/ahzJUiwhAbc). Der „Case" bzw. „Fall" ist die Situation, in der sich Menschen befinden und an der unterschiedliche Dienste im Sorgeraum beteiligt sind.

b. Theorietraditionen: (erkenntnis-)theoretische Hintergründe und Vorannahmen

Wendt nimmt unterschiedliche philosophische Richtungen auf. Insbesondere greift er auf griechisch-humanistische Traditionslinien der westlichen Kultur zurück. In dem Buch „die Ordnung der Welt in Haus und Staat" (2019) nimmt er einen westöstlichen Vergleich seiner Theorie vor. Insgesamt bezieht Wendt sowohl griechische Denktraditionen, anglo-amerikanische Modelle als auch asiatische Traditionen in seine Theorie ein.

Wendts Ansatz steht in der Traditionslinie ursprünglicher Systemtheorien. Er kann der Sozialarbeit zugeordnet werden, da der Schwerpunkt des Handelns in der Gestaltung von Strukturen liegt. Den Begriff des Systems verwendet Wendt in einem ursprünglichen Wortsinn, nach dem das Ganze mehr ist als die Summe seiner Teile (Aristoteles). Er grenzt sich ausdrücklich von dem autopoietischen Systembegriff nach Luhmann ab und betont viel stärker die Zusammenhänge, anstatt die zwischen Systemen trennenden, am jeweiligen Sinn ausgerichteten Diskurse. Auch der systemistische, allopoietische Systembegriff, den Staub-Bernasconi in Anlehnung an Bunge ihren Überlegungen zugrunde legt, übernimmt Wendt nicht. Anstelle des Begriffs „System" verwendet Wendt z.B. gerne den Begriff „Gefüge".

Care und Case Management hat Wendt aus dem angloamerikanischen Bereich in Deutschland Ende der 80er Jahre eingeführt. Es ist mittlerweile als eigenes Fachkonzept anerkannt, das auch von Sozialarbeitenden verwandt wird.

c. kritische Besprechung

Wendts primär an der Gestaltung bedarfsgerechter Strukturen in der Sorge um den Oikos ausgerichtete sozialarbeiterische, öko-soziale Theorie grenzt sich sowohl ab von eher subjektorientierten, intrapersonalen Beschreibungen der Bewältigung oder der Aneignung als auch von anderen Systemtheorien. Im Unterschied z.B. zum Ansatz von Staub-Bernasconi betont Wendt die Bedeutung des Sorgeraumes, der Infrastruktur des sozialen Nahraumes der Menschen. Damit ist er der unmittelbaren Strukturgestaltung nahe. Zugleich kann seine Theorie aus den jeweils anderen disziplintheoretischen Blickwinkeln angefragt werden, ob sie grundlegende Werte genügend berücksichtigt und den Bedürfnissen der Menschen nahe genug ist.

Aufgrund der aufgenommenen Vielfalt der Denktraditionen und der eigenen Sprache ist die Theorie von Wendt eine Fundgrube für öko-sozial Interessierte.

5. Systemtheoretisch-konstruktivistischer Ansatz, Soziale Arbeit in der Postmoderne: Heiko Kleve (1969)

a. Erkenntnisinteresse und -ziel: zentrale Fachbegriffe, betrachtete Wirklichkeit und Handlungsoptionen

Im Zentrum des Interesses der Theorie von Kleve stehen komplexe Lebenssituationen, ein Umgang mit Kontingenz als Lebenserfahrung und das Aufeinandertreffen pluraler Lebensweisen im sozialen Raum (Kleve 2016, 14). In einer individualisierten Gesellschaft entstehen zusehends komplexe Lebenssituationen. Die sind dadurch gekennzeichnet, dass mehrere interagierende Faktoren von außen unplanbar aufeinandertreffen. Mit Blick auf die Lebenssituation einer einzelnen Person bedeutet dies, dass ein körperliches Gesundheitsproblem sozial (z.B. in der Familie und im Beruf), psychisch und schließlich die gesamte Lebenssituation betreffend zu Beeinträchtigungen führen kann - oder eben auch nicht. In der Folge sehen sich Menschen vermehrt mit Unberechenbarkeiten, Zufälligkeiten bzw. Kontingenzen und Ambivalenzen konfrontiert. Und schließlich haben Menschen, wie wir angesichts des Umgangs mit den vielfältigen gesellschaftlichen Krisensituationen gut beobachten können, ganz unterschiedliche Haltungen, Interessen, Perspektiven und Deutungen, die ebenfalls aufeinandertreffen. Heiko Kleve geht von diesen beobachtbaren Phänomenen im Psycho-Sozialen aus und dürfte damit dem Erleben vieler Menschen und Sozialarbeitenden sehr nahe sein.

Theoretisch stützt er sich vor allem auf die konstruktivistische Systemtheorie nach Niklas Luhmann sowie postmoderne Theorien (Lambers 2020, S. 168). Soziale Arbeit, so fordert Kleve, hat die Pluralität der Lebenshaltungen und -weisen anzuerkennen und mit ihr umzugehen. Sie ist aufgefordert, sich im Prozess komplexen Lebenssituationen zu stellen und muss zusehends mit Ambivalenzen und Kontingenzen umgehen. Er beschreibt Soziale Arbeit im Umgang mit vielfältigen Kontextfaktoren (Polykontextualität) und dem gleichberechtigten Nebeneinander unterschiedlicher Perspektiven (Heterarchie) wie ein Chamäleon ohne eindeutige Ordnungen und Kategorisierungen als „Sozialarbeit ohne Eigenschaften" (Kleve 2000) mit einer „Identität der Identitätslosigkeit" bzw. „Postmoderne Sozialarbeit" (Kleve 2007). Auf der Fallebene werden in dem Buch „systemisches Case Management" (Kleve u.a. 2003) vielfältige Lösungswege vorgestellt. Schließlich geht Case Management, das auch bei Wendt eine zentrale handlungsorientierte Rolle spielt, von komplexen Hilfesituationen aus, zu denen Sozialarbeitende eine Haltung entwickeln müssen (Kleve 2016, Teil 2) und die gesteuert werden müssen (Kleve 2016, Kap. 1) .

b. Theorietraditionen: (erkenntnis-)theoretische Hintergründe und Vorannahmen

Theoretisch bezieht er sich primär auf die autopoietische Systemtheorie nach Luhmann und Theorien der Postmoderne. So entfaltet Kleve die Theorie einer „postmodernen Sozialarbeit" (Kleve 2007) Luhmanns Systemtheorie baut auf konstruktivistische Grundannahmen aus. Es gibt nur unterschiedliche Zugänge zur Welt, keine für alle gleichermaßen gültigen Ansichten und Aussagen. Zudem lässt sich die Gesellschaft – in dem systemtheoretischen Modell – horizontal in Kommunikationssysteme gegliedert begreifen. Diese grenzen sich durch Sinn und bipolare Codes voneinander ab. Sie erzeugen sich durch (Anschluss-)Kommunikation selber, sind autopoietisch zu begreifen und können von außen nicht gesteuert werden. Sie sind operativ nach Innen geschlossen und umweltoffen (Luhmann 2015, 7ff.). Zwischen den Systemen gibt es Kopplungsrationale (Luhmann 2018, S. 780. Eine Person lässt sich begreifen durch die Kopplung von drei Systemen: dem biologischen, dem psychischen und der Teilhabe an sozialen Systemen (Luhmann 2015, S. 346). Psychische Systeme sind nicht Teil sozialer Systeme. Vielmehr sind sie ihre Umwelt, die für die Bildung sozialer Systeme insbesondere relevant ist (ebd.). Inkludiert in soziale Systeme sind nur die Personen, die die Voraussetzungen, die Spielregeln des jeweiligen Systems erfüllen. In der Folge werden Personen auch exkludiert aus dem Bildungs-, Wirtschafts-, Politik-, Rechts- oder Berufssystem usw.. Soziale Systeme, deren Medium die (Anschluss-)Kommunikation ist, gibt es nicht nur auf der gesellschaftlichen Ebene in horizontaler Gliederung. Organisationen auf der Mesoebene und Interaktionssysteme auf der Mikroebene folgen vergleichbaren Regeln, auch wenn sie unterschiedlich entstanden sind und unterschiedliche Funktionen haben (Luhmann 2018, S. 826ff.). Soziales lässt sich begreifen als Nebeneinander unterschiedlicher Systeme, die sich selbst steuern und erzeugen. Absolute Wahrheiten und geteilte soziale Lebensgrundlagen gibt es nicht. Dieser Gedankengang korrespondiert mit Annahmen postmoderner Theorien, die davon ausgehen, dass es keine für alle gültigen und verbindenden Metaerzählungen mehr gibt (Lyotard 2019). Sozial- und Geisteswissenschaftlich sind wir in der Vielfältigkeit der Lebenshaltungen und -weisen angekommen. Diese treffen mehr oder weniger unverstanden, freundlich oder feindlich in sozialen Räumen aufeinander.

c. kritische Besprechung

Kleve geht von komplexen, kontingenten und pluralen Lebenssituationen aus, mit denen sich Soziale Arbeit konfrontiert sieht. Damit findet seine Theorie eine Sprache, die angesichts der komplexen gesellschaftlichen Krisensituation mit dem Ineinanderwirken ökologischer, ökonomischer, sozialer (Migrationsströme, Krieg, Instabilität vieler versorgenden Organisationen) und pandemischer Herausforderungen die erfahrene Lebenswirklichkeit vieler angemessen zum Ausdruck bringt. Die Theorie zielt handlungsorientiert primär auf sozial gestaltende Umgangsformen ab. Kleve rekurriert weniger auf sozialpädagogische Bildungs- und Erziehungstraditionen. Zwar kann kritisiert werden, ob die Profession aufgrund des komplexen und pluralen „Gegenstandes" „ohne Eigenschaften" und ihre Identität „identitätslos" ist, aber die Theorie nach Kleve gibt Sozialer Arbeit eine Sprache zur Wahrnehmung und zum Handeln in Komplexität und Pluralität.

6. Marxistisch orientierte Soziale Arbeit: Karam Khella (1934-2022)

a. Erkenntnisinteresse und -ziel: zentrale Fachbegriffe, betrachtete Wirklichkeit und Handlungsoptionen

Khella nimmt durch gesellschaftliche Strukturen entfremdete und unterdrückte Personen mit Unterstützungsbedarf der Sozialen Arbeit in den Blick. Für die gesellschaftlichen Bedingungen sind kapitalistische Produktionsprinzipien und in der Folge Klassenunterschiede verantwortlich. Folglich interessiert sich Khella für die Abschaffung oder zumindest Veränderung gesellschaftlich verursachter Entfremdungs- und Unterdrückungsstrukturen. Als einzige Bezugstheorie akzeptiert Khella den Marxismus.

Der Autor grenzt seine Überlegungen von Sozialer Arbeit als gesellschaftskonformer, „bürgerlicher Wissenschaft" „von oben" ab. Diese kritisiert er als

- Reproduktionsagentur der Gesellschaft, die die sich entfremdenden Arbeitskräfte wieder herstelle

- Sozialisationsagentur, die durch gesellschaftskonforme Ziele und Belohnung kapitalistische Werte und Normen fördere

- Kompensationsagentur, die (Klassen-)Unterschiede nicht behebe, sondern höchstens ausgleiche

- Oppressionsagentur, die über Verwaltung Kontrolle ausübe und eine Solidarisierung der unterdrückten Personen mit Unterstützungsbedarf verhindere

- Disziplinierungsagentur, weil Menschen an zivilisierten Orten mit pädagogischen Mitteln angepasst würden.

Khella stellt der „Sozialarbeit von oben" die von ihm entwickelte „Sozialarbeit von unten" in 10 methodischen Schritten gegenüber (Khella 1982, S. 33-47):

1. Aufklärung der Personen mit Unterstützungsbedarf über gesellschaftliche Ursachen ihrer Lebenssituation

2. Kollektivierung, Solidarisierung

3. Aktivierung der Personen mit Unterstützungsbedarf zu sozialen Aktionen und Protesten

4. Reflexion und Evaluation der Aktionen

5. Erneute Mobilisierung, soziale Aktionen auf höherer Stufe

6. Reflexion der Erfahrungen mit Blick auf die Frage nach der Veränderbarkeit ungerechter Situationen mit den Zielen der Verselbständigung der Aktionen und des Rückzugs der Sozialarbeitenden

7. Wiedereingliederung der Personen mit Unterstützungsbedarf als sozial und politisch Handelnde Subjekte in die Gesellschaft

8. Qualifikation in Form politischer und gewerkschaftlicher Fort- und Weiterbildung der Personen mit Unterstützungsbedarf

9. Organisation eines „bewussten Klassenkampfes"

10. Dauerhaft gesellschaftsverändernde Praxis der Personen mit Unterstützungsbedarf mit Hilfe der Sozialen Arbeit

Damit stellt Khella ein theoretisches und praktisch-methodisches Konzept einer konsequent marxistisch orientierten Sozialen Arbeit vor.

b. Theorietraditionen: (erkenntnis-)theoretische Hintergründe und Vorannahmen

Khella folgt der Grundannahme von Marx, dass das Bewusstsein und in der Folge das Handeln der Menschen geprägt ist von den gesellschaftlichen Verhältnissen. Die materiellen Grundlagen entscheiden über das Selbstwertgefühl und das Denken (dialektischer Materialismus). In dem unterschiedlichen Zugang zu Produktionsmitteln treffen im Zuge der Industrialisierung die Klassen der Arbeiter (Proletarier) und der besitzenden Bürger (Bourgeoisie) aufeinander. Durch die kapitalistischen Rahmenbedingungen werden die Arbeiter ausgebeutet und entfremdet von sich selbst. Nur eine radikale gesellschaftliche Veränderung, ein Klassenkampf bzw. das revolutionäre Aufbegehren der Proletarier gegen die Bourgeoisie kann die Situation der unterdrückten Menschen verändern (historischer Materialismus). Diese radikal-gesellschaftskritische Theorie überträgt Khella auf die Soziale Arbeit.

c. kritische Besprechung

Möglicherweise klingt Khellas Konzept für viele aus der Zeit gefallen. Die biographischen Hintergründe können sein Denken zunächst verständlicher machen: Khella ist Ende der 60er Jahre in Stuttgart auf die Lebenssituation von Arbeiter:innen aufmerksam geworden. In Ägypten geboren, sollte er Anfang der 80er Jahre abgeschoben werden. Ihm wurde seine Lehrbefugnis entzogen. Die konkrete Solidarität vieler Mitbürger:innen verhinderte schließlich die Abschiebung. Wenn wir nicht davon ausgehen, dass es nur diesen einen gültigen Theorieansatz zur Erklärung sozialer Verhältnisse gibt, berauben wir die Theorie gegen Khellas Absicht zwar der Radikalität, aber wir gewinnen möglichweise eine relevante Perspektive. In der letzten Zeit haben sich wieder mehr Studierende mit Khellas Ansatz beschäftigt. Ein Student, der in der stationären Altenhilfe tätig war, schlussfolgerte, dass ihm dieser gegen die gesellschaftlichen und organisationalen Rahmenbedingungen des Lebens kritische Ansatz als Baustein in dieser Klarheit bisher gefehlt habe. Gerade die Lebensbedingungen z.B. in der stationären Altenhilfe werfen viele Fragen an die Rahmenbedingungen der alten Menschen auf. Der Ansatz von Khella wird als revolutionärer Klassenansatz nicht mehr vertreten, aber er kommt verändert und erweitert im Rahmen kritisch-theoretischer Ansätze Sozialer Arbeit zur Sprache.

7. Systemtheoretisch-ontologischer Ansatz; Soziale Arbeit als Menschenrechtsprofession: Silvia Staub-Bernasconi (1936)

a. Erkenntnisinteresse und -ziel: betrachtete Wirklichkeit und Handlungsoptionen

Staub-Bernasconi fokussiert die Umsetzung der Menschenrechte für alle Menschen. Damit schafft sie einen unmittelbaren Zusammenhang einer übergeordneten, internationalen Rechtsebene zum einzelnen Menschen. Die Aufgabe Soziale Arbeit verortet Staub-Bernasconi in dem dreifachen Mandat zwischen gesellschaftlichem Auftrag, Anliegen der Menschen und der Menschenrechte als zentrale fachliche Grundlage Sozialer Arbeit (Staub-Bernasconi 2007, 198 ff.; s. ausführlich Staub-Bernasconi 2019). Damit gelingt es ihr, Soziale Arbeit als eigenständige Handlungswissenschaft (2007), die als Profession vor allem dafür zu sorgen hat, dass die Menschenrechte umgesetzt werden, zu formulieren. Für Sozialarbeitende formuliert sie einen eigenständigen, gesellschaftlich relevanten Auftrag.

Sie greift zurück auf einen allopoietischen Systembegriff in Anlehnung an den argentinischen Physiker und Philosophen Mario Bunge. Nach Bunge ist Systemismus als Mittelweg zwischen Atomismus („Jedes Ding geht seinen eigenen Weg") und Holismus („Jedes Ding hängt mit allen anderen Dingen zusammen") (Staub-Bernasconi 2007, S. 160). Staub-Bernasconi sieht den Systemismus als Grundlage Sozialer Arbeit. Sie beschreibt das Verhältnis zwischen Menschen und Gesellschaft in einer Gegensätzlichkeit und Abhängigkeit, wobei die unterschiedlichen Systeme – auch den Menschen begreift Staub-Bernasconi als System - von außen steuerbar sind. Die Situation des Menschen beschreibt sie ontologisch (Staub-Bernasconi 2007, S. 169ff.; Staub-Bernasconi 2018, S. 61), also unabhängig vom Einzelfall, indem sie allen Menschen die Erfüllung definierter Bedürfnisse zuschreibt. Da die gesellschaftlichen Rahmenbedingungen die Bedürfnisse berücksichtigen müssen, erhält Soziale Arbeit den politisch relevanten Auftrag, für entsprechende Rahmenbedingungen aus Sicht der Menschen zu sorgen. Denn aus der Nichterfüllung der Bedürfnisse entstehen soziale Probleme. Staub-Bernasconi unterscheidet vier soziale Probleme (Staub-Bernasconi 2007, S. 183ff.): Ausstattungsprobleme, Austauschprobleme im reflexiven Bereich, Verknüpfungs-/Machtprobleme und Kriterien-/Wertfindungsprobleme. Diese Probleme tauchen in unterschiedlichen Lebensbereichen auf: soziomateriell (Körper, Güter), reflexiv (Wahrnehmung, Erkenntnis), idell-symbolisch (Denkmodell, Bilder, Symbole), aktiv-produktiv (Handeln, Gestalten), soziale Beziehungen (Familie, Nachbarschaft) und Machtquellen (Kraft, Ressourcen, Kontrolle) (Lambers 2013, 179).

Soziale Arbeit als Handlungswissenschaft bearbeitet die benannten sozialen Probleme mit Blick auf den Einzelfall. Normativer Maßstab sind die Menschenrechte. Im konkreten Einzelfall unterscheidet Staub-Bernasconi legitime und legale Bedürfnisse. Soziale Arbeit setzt sich insbesondere für Menschen ein, die legitime Bedürfnisse verfolgen, auch wenn diese nicht legal sind.

b. Theorietraditionen: (erkenntnis-)theoretische Hintergründe und Vorannahmen

Staub-Beransconi knüpft wie dargestellt an das systemistische Menschen- und Weltbild von Mario Bunge an. Sie sieht Soziale Arbeit im Systemismus zwischen Atomismus und Holismus verortet. Damit grenzt Sie sich von dem konstruktivistischen-systemtheoretischen Ansatz von Luhmann ab. Diesem wirft sie vor, vertikale Ausdifferenzierungen und Ausgrenzungen über Machtmechanismen nicht genügend zu berücksichtigen. Das konsequente konstruktivistische und autopoietische Systemdenken führe zu einem Relativismus. Sie schreibt Menschen ontologisch Bedürfnisse zu, definiert soziale Probleme, auf die sich Soziale Arbeit bezieht und führt als primären fachlichen Bewertungsmaßstab die Menschenrechte ein. Viele der Theorieinhalte finden sich auch in der internationalen Definition Sozialer Arbeit wieder.

c. kritische Besprechung

Zunächst ist es Staub-Bernasconi gelungen, die Eigenständigkeit Sozialer Arbeit als Handlungswissenschaft zu definieren. Ihr ontologisch-systemistischer Ansatz ist der Traditionslinie der Sozialarbeit zuzurechnen. Handlungsorientiert ist Soziale Arbeit im Kern auf die politisch relevante Gestaltung von gesellschaftlichen Rahmenbedingungen zur Umsetzung der Menschenrechte für alle orientiert. Und gerade in der heutigen Zeit werden die Menschenrechte in vielen Staaten nicht angemessen berücksichtigt. Die theoretische Perspektive von Staub-Bernasconi ist hoch relevant.

Auf der anderen Seite werden der ontologische Ansatz und die Deklarierung Sozialer Arbeit als Menschenrechtsprofession als zu starke fachliche und anthropologische Festlegungen kritisiert. Die von Wendt betonte Ebene des infrastrukturellen Nahraums wird von Staub-Bernasconi nicht gesehen. Die Organisationen Sozialer Arbeit und interprofessionelle Zusammenarbeit spielen eine untergeordnete Rolle. Auch die individuelle, sozialpädagogisch initiierte Befähigung der Menschen mit Unterstützungsbedarf steht nicht im Zentrum des Interesses von Staub-Bernasconi.

Staub-Bernasconi erklärt Soziale Arbeit als eigenes professionelles Funktionssystem, welches die Zuständigkeit ihres Handelns in einem diagnostischen Prozess selbst bestimmt.

8. Reflexiver-professionstheoretischer Ansatz: Bernd Dewe (1950-2017) und Hans-Uwe Otto (1940-2020)

a. Erkenntnisinteresse und -ziel: zentrale Fachbegriffe, betrachtete Wirklichkeit und Handlungsoptionen

Dewe und Otto fokussieren die Entwicklung der eigenständigen Profession der Sozialen Arbeit als „Reflexive Sozialpädagogik" (Dewe/Otto 2012, S. 202). Diese entfalten sie auf der Ebene des Einzelfalls und insbesondere Otto auch auf der Ebene des organisierten Handelns. Dazu greifen Sie zurück auf die lebensweltorientierte Soziale Arbeit sowie auf soziologische Professionstheorien. Sozialwissenschaftlich orientiert gehen sie stärker beschreibend und erklärend vor. Neben den Bedürfnissen der Menschen ist ihre beschreibbare Lebenslage relevant. Hermeneutisch orientiert gelangen Sozialarbeitende zu „stellvertretenden Deutungen" (Dewe/Otto 2012; Hammerschmidt/Aner 2022, S. 167), die sie den Personen mit Unterstützungsbedarf anbieten. Auf einer „gewissen Augenhöhe" kommt es so zu Aushandlungsprozessen und der Möglichkeit für die Personen mit Unterstützungsbedarf, dass sie ihre Lebenssituation verbessern können. Im Selbstverständnis der Sozialarbeitenden können sich diese angesichts der Vielfältigkeit der Lebenssituationen und des Selbstverständnisses der Personen mit Unterstützungsbedarf nicht als absolute Expertinnen und Experten begreifen, vielmehr kontrastieren sie die als normal angesehene Deutungsmuster der Personen mit Unterstützungsbedarf und eröffnen damit neue Lösungswege. Soziale Arbeit zeigt sich als vielfältig reflexive Profession gegenüber den Personen mit Unterstützungsbedarf und gegenüber sich selbst (Dewe/Otto 2012, 207ff.).

Auf der Ebene organisierten Handelns als Profession begreifen insbesondere Otto sowie auch Olk und Schaarschuch Soziale Arbeit als eine Form von Dienstleistung (Schaarschuch 1999, S. 543ff.; Sandermann/Neumann 2022, S. 99). Der Begriff der Dienstleistung beinhaltet zum einen eine sich anderen Menschen zur Verfügung stellende Haltung und zum anderen suggeriert er eine Gleichwertigkeit zu anderen Professionen und Organisationen. Organisationen Sozialer Arbeit nehmen seit den 80er/90er des 20. Jahrhunderts verstärkt ökonomische Begriffe wie Sozialmanagement, Qualitätsmanagement und Projektmanagement auf. Fragen geschickter Steuerung mit Blick auf einzelfallorientierte Prozesse sowie auch effektiver und effizienter Vorgehensweisen rücken in das Blickfeld der gesellschaftlich relevanten und organisationsbezogenen Rahmengestaltung Sozialer Arbeit.

b. Theorietraditionen: (erkenntnis-)theoretische Hintergründe und Vorannahmen

Theoretisch greifen Dewe und Otto primär auf sozialwissenschaftliche Professionstheorien zurück sowie auf die lebensweltorientierte Soziale Arbeit. Ihr Denken ist stärker sozialwissenschaftlich als sozialpädagogisch orientiert. Sie beschreiben Soziale Arbeit als eine Form von Dienstleistung mit besonderen Herausforderungen, da Personen mit Unterstützungsbedarf befähigt werden sollen, besser als zuvor soziale Herausforderungen zu bewältigen. Zudem wird das Produkt der Hilfe mit den Personen mit Unterstützungsbedarf erzeugt (uno-actu-Prinzip). Das macht es unmöglich, dass Sozialarbeitende als absolute Expterinnen bzw. Experten auftreten, die die Güte eines Produkts alleine garantieren können.

c. kritische Besprechung

Dewe und Otto ist es zu verdanken, dass sich Soziale Arbeit als Profession gleichwertig zu anderen Dienstleistungen begreift. Die Autoren haben eher eine gewinnbringende professionstheoretische Rahmung Sozialer Arbeit formuliert als eine eigenständige Disziplintheorie. Zentrale Kennzeichen dieser Profession sind Reflexivität, Interaktion anstatt Expertentum sowie die Haltung und Ausrichtung als Dienstleistung. Damit reiht sich Soziale Arbeit stärker gesellschaftskonform in andere Dienstleistungen ein und nimmt ökonomisch relevante Fragestellungen und Begriffe auf, obwohl gesellschaftskritische Inhalte nicht außen vorbleiben.

Bereits diese acht steckbriefartig vorgestellten Disziplintheorien lassen einen ersten Blick auf die Vielfältigkeit von Disziplintheorien werfen. Einige Theorien sind auf der Mikro-Ebene stärker orientiert an der Hinwendung zum Subjekt in seiner Lebenswelt. Das gilt insbesondere für die Theorien von Thiersch und Böhnisch. Die Theorie von Winkler deutet mit der Betonung des Ortes ein strukturierendes Steuerungsinteresse auf der Raumebene an. Bei Winkler ist es der Nahraum. Bei Wendt, der in dem dialektischen Gedankengang der Verbindung von Subjekt und Ort vor allem in den neueren Publikationen erkennbar eine Nähe zu Winkler aufweist, ist der umgebende Raum, der Haushalt (Oekos) bzw. der Sorgeraum, der zu gestalten ist, auf der Mesoebene im Fokus. Auch Kleve wendet sich Steuerungsinteressen zu. Zugleich wird bei Kleve deutlich, dass die gesellschaftlichen Veränderungen und gesellschaftsbezogenen, sozial- und geisteswissenschaftlichen Theorien als Verstehensgrundlage für komplexe Hilfesituationen dienen. Das politische Gestaltungsmoment, das auch bei Thiersch in der Aufklärung von Pseudokonkretheit als Aufgabe Sozialer Arbeit auftaucht, steht marxistisch verstanden im Zentrum bei Khella und wird von Staub-Bernasconi orientiert an der Umsetzung der Menschenrechte fokussiert. Staub-Bernasconi hat Soziale Arbeit als Handlungswissenschaft fachlich im Tripelmandat eine Eigenständigkeit zugeschrieben. Otto und Dewe entwickeln primär eine professionstheoretische Verortung auch mit Hilfe sozialwissenschaftlicher Professionstheorien.

Das Spektrum der Disziplintheorien Sozialer Arbeit lässt sich in dem grundlegenden Verhältnis von Individuum und Gesellschaft differenzierter darstellen auf der Mikro- (Subjekt-Umwelt), Meso- (Organisation, Zusammenarbeit im Sorgeraum) und Makroebene (Gesellschaft, Politik) jeweils mit dem Interesse, die Eigenständigkeit Sozialer Arbeit als Profession und Disziplin zu beschreiben. Auf den einzelnen Ebenen wählen die Disziplintheorien unterschiedliche Zugänge. Der Mensch wird als individualisierter Mensch mit spezifischen Eigenschaften bzw. als Person begriffen. Seit der Aufklärung werden alle Menschen als Subjekte (subiectum, lat. das Unterworfene, das grundlegend Zugeschriebene) begriffen. Ihnen werden graduell unterschiedlich, aber prinzipiell gleich die Eigenschaften zugeschrieben, sich auf der Grundlage von Vernunft Umweltfaktoren aneignen zu können und zugleich gestaltend auf die Umwelt einzuwirken. Das Subjekt wird je nach Theorie eher in Abhängigkeit zum Ort (Winkler), in Interaktion (Thiersch) oder ontologisch mit Bedürfnissen ausgestattet (Staub-Bernasconi) begriffen. Die Gesellschaft wird mit Blick auf die Aufklärung und ihre Nebenfolgen als Moderne, zweite Moderne bzw. Risikogesellschaft oder Postmoderne, Postwachstumsgesellschaft, als funktional differenzierte Gesellschaft und/oder als nach Machtinteressen und dem Zugang zu materiellen Ressourcen vertikal ausdifferenzierte Gesellschaft begriffen. Die verwandten theoretischen Grundannahmen zur Beschreibung sozialer Wirklichkeit widersprechen sich: Die dargestellten Disziplintheorien kennen, um nur ein Beispiel zu nennen, zumindest drei unterschiedliche Systembegriffe als theoretische Grundannahme, soziale Wirklichkeit zu beschreiben: autopoietisch, allopoietisch und nach der Wortbedeutung. „"Systemtheorie" ist heute ein Sammelbegriff für sehr verschiedene Bedeutungen und sehr verschiedene Analyseebenen. Das Wort referiert keinen eindeutigen Sinn. Übernimmt man den Systembegriff ohne weitere Klärung in soziologische Analysen, entsteht eine scheinbare Präzision, die der Grundlage entbehrt" (Luhmann 2015, S. 15). Trotzdem behält Luhmann „Systemtheorie" als Firmenbegriff" (ders. S. 12) bei in dem Wissen, dass es um ein Modell, eine Konstruktion von sozialer Wirklichkeit geht, nicht um Wahrheit. Ob dieses Modell trägt, muss sich in praktischer Tätigkeit erweisen, schließlich ist die Praxis einer Theorie Sozialer Arbeit das „Philosophieren", das „Hin- und Herwenden" im Reflektieren (Winkler 2021, S 76). „Sozialpädagogische Theorie formuliert somit kein positives System des Wissens, sondern eine Methode des Nachdenkens und Nachfragens" (Winkler 2021, 83).

Der unmittelbar erlebbare Versorgungsraum, konkrete Gouvernancestrukturen, Sozialplanung und Daseinsvorsorge werden auf der Mesoebene thematisiert. Die Abhängigkeit von Organisationen wird gesehen, aber es gibt keine eigenen Organisationstheorien. Zudem gibt es Professionstheorien.

Im Sozialen treffen sich Menschen, die (in Abhängigkeiten bedingt) frei sind zu denken und zu handeln. Um soziales Miteinander zu erkennen, werden neben analytischen, erklärenden Ansätzen vor allem dialektische und systemische angewandt. Das Verhältnis zwischen Menschen und ihrer Umwelt oder Individuum und Gesellschaft steht mit all seinen Widersprüchlichkeiten und Abhängigkeiten zentral im Fokus Sozialer Arbeit.

Die Handlungsformen sind primär auf Empowerment und Unterstützung der Personen mit Unterstützungsbedarf sowie bedarfs- und teilhabeorientierte Gestaltung von Organisationen, Strukturen und rechtlichen Rahmenbedingungen ausgerichtet. Die Handlungsformen sind außer in Selbst- und Fremdgefährdungssituationen - soweit dies möglich ist dialogisch - auf Partizipation in einem asymmetrischen Kommunikationsverhältnis ausgerichtet.

Eine professionelle Gestaltung sozialen Miteinanders findet kommunikationstheoretisch betrachtet in einer Asymmetrie statt. Während die hilfesuchende und/oder -bedürftige Person „als Ganze" „Gegenstand" der helfenden Kommunikation und Begegnung ist, ist es die:der Sozialarbeitende i.d.R. nicht. Die Person mit Unterstützungsbedarf bringt vor allem biographisches Erfahrungswissen mit und die Sozialarbeitenden ein strukturierendes fachliches Wissen. Vor allem aber können Sozialarbeitende ohne persönliche Konsequenzen entscheiden, welche Inhalte relevant sind und welche nicht. Das kann die Person mit Unterstützungsbedarf nicht: Die Kompetenzen, die Zuständigkeiten und die Fähigkeiten sind unterschiedlich verteilt. Der Begriff der Asymmetrie deutet an, dass auch Sozialer Arbeit zugeschriebene Handlungsgrundlagen wie Ganzheitlichkeit, Empowerment und Partizipation gesellschafts- und diskurstheoretisch kritisch besprochen werden müssen. Wie kommt es gesellschaftskritisch betrachtet zu der Verwendung dieser Begriffe? Welche Funktionen erfüllt ihre Verwendung für Soziale Arbeit? Welche Inhalte sind mit ihnen verbunden, um sie nicht nur als Behauptungen und Leerformeln zu verwenden? Und inwiefern lassen sich diese Grundlagen überhaupt umsetzen? Viele Fachbegriffe, die in der Sozialen Arbeit verwandt werden, müssen theoretisch verortet und kritisch besprochen werden, um sie nicht vorschnell als unkritische, positive Selbstzuschreibung zu verwenden.

Alle Theorien haben gegenstandsbezogen ihre Relevanz. Keine geht vollständig in einer anderen auf. Diese Vielfältigkeit ist anzuerkennen und weniger als Mangel an Klarheit, als vielmehr adäquate und notwendige Vielfalt des Bezugs auf soziale Wirklichkeit angesichts Komplexität, Kontingenz und Pluralität zu begreifen. Da Soziale Arbeit in ihrem Erkenntnisinteresse und Gegenstand an Handlungen im sozialen Kontext orientiert ist, kommt es nicht selten zu normativ-wertenden Verschiebungen der Ursprungstheorien aus den Bezugswissenschaften. Luhmann strebt beispielsweise keinen wertenden, handlungsorientierten Umgang mit autopoietischen Systemen, Inklusion oder Exklusion an, er will Gesellschaft beschreiben und erklären. Soziale Arbeit tut gut daran, diese mitzudiskutieren und offen zu legen. Dann werden eklektische Gedankengänge auch in den Abgrenzungen klarer.

Es ließen sich noch viele weitere Disziplintheorien erläutern. In einem zweiten Schritt werden einige weitere Betrachtungs- und Handlungsschwerpunkte von Disziplintheorien kurz benannt, um die Vielfalt des disziplintheoretischen Wissens Sozialer Arbeit anzudeuten und zum vertieften Nachlesen anzuregen. Die folgenden Theoretikerinnen und Theoretiker sind ihrem Geburtsjahrgang nach geordnet. Auch diese Auswahl stellt keinen abschließenden Kanon dar. Vielmehr sollen Unterschiedlichkeit und Breite von Theorien Sozialer Arbeit angedeutet werden. Zudem ist zu bedenken, dass die Personen auch Theorieinhalten, zu denen mehrere beigetragen haben, zugeordnet werden können. Die hier gewählte Form soll Lesenden zu einem personenbezogenen, vertieften, ordnenden, ersten Überblick verhelfen.

Paul Natorp (1854-1924) meint mit Sozialpädagogik eine ethisch orientierte und vernunftbasierte Willenserziehung und -bildung zum Aufbau von Gemeinschaft als Bindeglied zu einer Idealgesellschaft. Damit wendet sich Natorp gegen individualpädagogische Verständnisse von Sozialpädagogik und knüpft eher an Ideen einer Volkserziehung an.

Laura Jane Addams (1860-1935) sieht ausgerichtet an pragmatischen, konkreten Formen des Helfens in der Förderung von Bildung und in der konkreten Unterstützung von Menschen in ihrem Gemeinwesen (Hull House in Chicago) den Schlüssel zu mehr sozialer Gerechtigkeit, Friedensgestaltung und Demokratie. Zusammen mit George Herbert Mead (Vertreter der Chicagoer Schule und des symbolischen Interaktionismus) arbeitete Addams an verschiedenen Sozialreformen wie z.B. berufliche Bildung und die Stärkung der Rechte der Frauen. Zum Hull House, das Addams nach dem Vorbild der Toynbee Hall in London aufbaute und das wöchentlich etwa 2000 Menschen erreichte, „gehörten eine Abendschule für Erwachsene, ein Kindergarten, Treffpunkte für ältere Kinder, eine öffentliche Küche, eine Kunstgalerie, eine Buchbinderei und Bibliothek, eine theatergruppe, eine Musikschule, eine Turnhalle, ein Schwimmbad, ein Kaffeehaus und verschiedene Beschäftigungsangebote für Menschen ohne Arbeit" (Lambers 2020, S. 43).

Mary Ellen Richmond (1861-1928) sieht sich als Leiterin einer Wohlfahrtseinrichtung in Baltimore durch ihre Forschungen in der Annahme bestätigt, dass Hilfe zur Selbsthilfe vor allem durch soziales Lernen und weniger durch materielle Hilfe erwirkt wird. Im Zentrum steht für sie eine interpersonelle, authentische Begegnung zwischen Sozialarbeitenden und Klient:innen. Notwendiger, aber nicht hinreichender Aspekt dieser helfenden Begegnung ist eine fundierte, soziale Diagnostik, die das Person-Umwelt-Verhältnis insgesamt und insbesondere die Kraftquellen im Umfeld der Person in den Blick nimmt. Richmond folgt der Idee eines pragmatischen Christentums und symbolisch interaktionistischen Überlegungen nach George Herbert Mead.

Christian Jasper Klumker (1868-1942) richtet seinen Blick auf Menschen, die in Armut leben, die ihren Lebensunterhalt nicht aus eigenen Mitteln bestreiten können. Armut ist für Klumker ein wirtschaftliches und kein sittliches Problem. Aufgabe der Fürsorge sei es, Arme zu Wirtschaftlichkeit zu erziehen. „In der Versorgung und Verwertung des unwirtschaftlichen Teils der Bevölkerung (sieht Klumker, H.M.) eine auch volkswirtschaftlich produktive Arbeit" (Hammerschmidt/Stecklina 2023, S. 89). Fürsorge erfüllt damit einen volkswirtschaftlichen Auftrag. In der Theorietradition von Klumker steht sein Schüler Scherpner (s.u.).

Alice Salomon (1872-1948), die 1908 die soziale Frauenschule in Berlin gründete, sieht die Notwendigkeit von Wohlfahrtspflege da, wo Eigensorge und Volkswohlfahrt nicht ausreichen. Gemeinschaft und Arbeit sind für Menschen, die zwar unterschiedlich, aber gleichwertig sind, wichtig und sie müssen her- bzw. sichergestellt werden. Soziale Diagnostik, in der Phasierung der Medizin entlehnt, hilft, das Ausmaß eines konkreten Problems zu erkennen. Wohlfahrt umfasst Wirtschafts-, Gesundheits-, Erziehungsfürsorge, Jugendwohlfahrt, Volksbildung, ländliche Wohlfahrtspflege und Familienfürsorge (Lambers 2020, S. 27). Wohlfahrt leistet in konkreten Hilfesituationen einen Beitrag zu sozialer Gerechtigkeit.

Gertrud Bäumer (1873-1954) entwickelt keine eigenständige Theorie. Sie definiert Sozialpädagogik als staatliche Erziehungsfürsorge außerhalb von Familie und Schule. Sozialpädagogik sei eine Notfallhilfe, die im Zusammenhang mit gesellschaftlichen Strukturen zu erklären sei. „Waisenpflege/Vormundschaft, außerhäusliche Arbeit der Mütter, Kindernot im Sinne von Armut, Minderwertigkeit der Eltern, Beeinträchtigungen beim Kinde selbst" (Hammerschmidt/Stecklina 2023, S. 116) seien Anlässe für sozialpädagogische Notfallhilfe. Neben der Erziehung und Bildung entwickele sich Sozialpädagogik mit dieser Zuständigkeit zu einem neuen Träger der Jugendwohlfahrt.

Ilse Arlt (1876-1960) richtet ihren Blick auf existenzielle Not, auf die Armut von Menschen. Fürsorge bzw. Volkspflege sei notwendig, wo die Grundbedürfnisse der Menschen nicht ausreichend befriedigt werden. „Gedeihliche Entwicklung" sei durch Hilfe zu ermöglichen, wo die „Notschwellen" oder „Grenznot" überschritten werden. Ihr Buch „Grundlagen der Fürsorge" von 2021 war weit verbreitet. Arlt forderte als erste im deutschsprachigen Raum eine professionelle Fürsorgewissenschaft. Mit ihrer Forderung nach „voraussetzungslosem Forschen" wandte Sie sich ausdrücklich gegen die Gesellschaftstheorie von Karl Marx.

Herman Nohl (1879-1960) entwickelt eine Theorie der Jugendwohlfahrt, der späteren Sozialpädagogik, mit dem Ziel der Überwindung jugendlicher Verwahrlosung. Er erhielt 2019 eine außerordentliche und 1922 eine ordentliche Professur für Pädagogik an der Universität Göttingen. Ins Zentrum seiner Überlegungen stellt er die Absicht, die Eigenständigkeit der Jugendwohlfahrt herauszustellen. Damit hat Nohl wahrscheinlich die erste Professur an einer deutschen Universität inne, bei der die Sozialpädagogik im Rahmen der Erziehungswissenschaft im Zentrum steht. Er möchte Individual- und Sozialbildung im Rahmen der Volksbildung zusammenführen. Aus praktischen Anschauungen entwickelt er den „Pädagogischen Bezug" als Kernelement der Jugendwohlfahrt, die durch Beziehungsgestaltung und dem Vorleben eines „höheren Lebens" durch die „Erzieherinnen und Erzieher" zu einer kulturellen Identitätsentwicklung der „Zöglinge" beitragen soll.

Hans Scherpner (1898-1959) entwickelt eine Theorie der Fürsorge, die er als Wirklichkeitswissenschaft und nicht als normative Wissenschaft versteht. Im Zentrum der Sozialarbeit, die fürsorgerische Hilfe meint, steht eine persönliche, einzelfallbezogene Hilfe. Armut und Verwahrlosung sieht Scherpner als Anlässe für eine notwendige Menschenführung durch Sozialarbeit, um individuelle Unangepasstheiten aus Sorge um den Einzelnen und um die Gemeinschaft zu bearbeiten. Scherpner zieht eine Grenze zwischen politischem und fürsorgerischem Handeln und lehnt gesellschaftstheoretische und auch erbbiologische sowie liberale, moraltheoretische-ökonomische Erklärungsversuche von Armut ab.

Carel B. Germain (1916-1995) und **Alex Gitterman** (1938) entwickeln als konkretes Praxismodell das „Life Model of Social Work Practice". Es basiert auf systemtheoretischen und ökologischen Theorien, die die Wechselwirkung von Person und Umwelt sowie daraus entstehende individuelle Herausforderungen ins Zentrum stellen. Zur Bewältigung kritischer Lebensereignisse werden persönliche und Umwelt-Ressourcen unterschieden. Im Life Modell werden differenziert gesellschaftliche und individuelle Faktoren sowie professionelle Methoden und Fertigkeiten zur Unterstützung in Belastungs- und Krisensituationen herausgearbeitet.

Louis Lowy (1920-1991) baut auf dem „Life Model" nach Germain und Gitterman auf. Er unterscheidet zwischen Sozialarbeit/Sozialpädagogik als Praxis und als Handlungswissenschaft. Während die Wissenschaft Probleme des Menschen in der Umwelt erforscht, sucht die Praxis nach besseren Verbindungen zwischen

Mensch und Umwelt. Als Handlungsebenen stellt er case work und group work auf der Mikroebene, community work auf das Mezzoebene sowie Sozialplanung und Sozialpolitik auf der Makroebene heraus. Im Zentrum des Handelns steht die „agogische Intervention", „die sich an den individuell zu bewältigenden Aufgaben des Lebenslaufes orientieren muss" (Lambers 2020, S. 127). Bausteine des Professionshandelns sind Diagnostik (assessment), das Veränderungshandeln (intervention) sowie die Kunst des Dialogs (Topik), wobei Sozialarbeitende zwischen den unterschiedlichen Rollen wählen müssen: Befähiger (enabler), Anwalt (advocate), Vermittler (agent), Makler (broker) und Lehrender (preceptor).

Lieselotte Pongratz (1923-2001) und weitere Vertreter einer Hamburger Arbeitsgruppe, zu denen Fritz Haag, Eduard Parow und Gerhard Rehn gehören, geht es um eine Metatheorie bzw. Hinweise, wie eine Theorie Sozialer Arbeit zu betreiben sei. „Im Kern geht es um Ideologiekritik und die kritische Reflexion der Rolle und Funktion der real existierenden professionellen Sozialarbeit im Kontext gesellschaftlicher Herrschafts- und Abhängigkeitsverhältnisse" (Lambers 2020, S. 141). Pongratz nimmt Sozialarbeit als Emanzipationsverfahren auf der gesellschaftlichen Ebene, als Sozialplanung und Sozialadministration auf der kommunalen und organisationalen Ebene sowie als Sozialtherapie als Beziehungsstruktur auf der Interaktionsebene in den Blick.

Klaus Mollenhauer (1928-1998) sieht die Aufgabe der Sozialpädagogik bzw. der Jugendhilfe in der industriellen Gesellschaft in der Übernahme von Erziehungsaufgaben, die nicht von Familie und Schule erfüllt werden. Sozialpädagogik ist eine Theorie der Praxis der Jugendhilfe, der es im Zentrum in der Betrachtung des Verhältnisses zwischen Individuum und Gesellschaft um Emanzipation geht. Mollenhauer verbindet geisteswissenschaftliche mit sozialwissenschaftlichen Grundannahmen. Die Theorie Mollenhauers hat sich in einer Emanzipation von und zugleich in einer Wiederaneignung des geisteswissenschaftlichen Erbes mehrfach verändert (Sandermann/Neumann 2022, S. 71).

Lutz Rössner (1932-1995) entwickelt gegen eine stark normativ auf (radikale) Gesellschaftskritik ausgerichtete Soziale Arbeit eine empirisch fundierte Theorie Sozialer Arbeit als tertiärer Erziehung. „Da „jeder Mensch eine primäre und sekundäre Sozialisation bzw. Dissozialisation (...) durchläuft, kann man den durch korrigierende Maßnahmen eingeleiteten (Lern-)Prozess (von „richtigen" Normen) auch als tertiäre Sozialisation bezeichnen"" (Rössner zit. nach Hammerschmidt/Aner 2022, S. 82). Empirisch verifizierte Thesen zu dissozialem Verhalten und aufbauend eine soziale Diagnose sollen zu prophylaktischen, korrigierenden und kompensierenden Maßnahmen und Verhaltensanpassungen dissozialisierter Menschen beitragen.

Michael Bommes (1954-2010) und **Albert Scherr** (1958) sowie auch Baecker, Hillebrandt und Merton legen Ihren Theorieüberlegungen Sozialer Arbeit konstruktivistische und soziologisch-systemtheoretische Annahmen insbesondere nach Luhmann zugrunde. Organisierte Hilfe Sozialer Arbeit entsteht als Reaktion auf Folgeprobleme einer funktional differenzierten Gesellschaft in Teilsysteme, die sich von ihrer Umwelt abgrenzen. Soziale Arbeit leistet Inklusionsvermittlung,

Exklusionsvermeidung oder Exklusionsverwaltung. Ob Soziale Arbeit den Status einer eigenständigen Profession mit eigenen Systemcodes (Hilfe versus nicht Hilfe) annehmen kann, wird kontrovers diskutiert. Bommes und Scherr kommen zu dem Ergebnis, dass Soziale Arbeit gesellschaftlich betrachtet sowie als Wissenschaft und als Praxis eine nachgeordnete bzw. sekundäre Ordnungsbildung darstellt. Sie besitzt nicht die Autonomie zur Durchsetzung ihrer Programme, vielmehr ist sie bzgl. der Definition von Hilfe und der Ressourcenzuteilung sozialpolitisch abhängig.

Bringfriede Scheu (1957) und **Otger Autrata** (1955) plädieren für eine Erweiterung der theoretischen Grundlegung Sozialer Arbeit als Wissenschaft. Sie bauen auf subjektwissenschaftlichen Lerntheorien auf und formulieren „das Soziale beim Menschen" als Ausgangspunkt ihrer Überlegungen. „Scheu und Autrata verorten das „Soziale" in sozialen Handlungen und in den Sozialbeziehungen der Menschen" (Lambers 2020, S. 219). Mit dem Sozialen als Bezugspunkt einer Wissenschaft Sozialer Arbeit nehmen sie das Verhältnis von Individuum und Gesellschaft in den Blick. Dazu rücken sie den Begriff des „Subjekts" und Handlungsmöglichkeiten des Subjekts ins Zentrum ihrer Überlegungen, denn der Begriff Subjekt drückt die Wechselbeziehung zwischen Menschen und Umwelt aus. Scheu und Autrata kommen subjektwissenschaftlich zu dem Schluss, dass Soziale Arbeit keine autonome Deutungshoheit besitzt.

Tilly Miller (1957) entwickelt (vergleichbar wie Hosemann/Geiling und Ritscher) auf der Grundlage der Systemtheorie nach Luhmann eine systemische Theorie Sozialer Arbeit, indem sie diese normativ und handlungsorientiert mit Blick auf unterschiedliche Disziplinen und Theorien erweitert. Unter Berücksichtigung der Kategorien zur Bestimmung einer Handlungswissenschaft Sozialer Arbeit nach Staub-Bernasconi, aber in Abgrenzung zu Staub-Bernasconis ontologischem Ansatz, verortet Miller Soziale Arbeit als Handlungswissenschaft. Dazu expliziert sie ausführlich vier Wissensformen Sozialer Arbeit: Erklärungswissen, Wertewissen, Verfahrenswissen und Evaluationswissen. Miller arbeitet eine Kernbestimmung Sozialer Arbeit heraus, ohne den Anspruch zu erheben, eine ausformulierte Theorie Sozialer Arbeit zu formulieren. Über die vier Wissensbestände hinaus erläutert Miller Inhalte wie Macht, Netzwerke und Transdisziplinarität.

Peter Sommerfeld (1958) geht von der Beobachtung der Reintegrationsprozesse hyperinkludierter Personen in der stationären Psychiatrie oder in Gefängnissen aus. Damit nimmt er in den Blick, wie sich Lebensführungsmodelle der Personen angesichts der Kopplung von psychischem und sozialem System herausbilden. Handlungsorientiert interessieren ihn die Wirkmöglichkeiten Sozialer Arbeit, Lebensführungsprozesse zu unterstützen, so dass Integration möglich wird (Lambers 2020, S. 196-199). Die Überlegungen Sommerfelds gehen von systemtheoretischen Grundannahmen sowie empirischen Erkenntnissen aus. Im Zentrum des wissenschaftlichen Gegenstandes sieht Sommerfeld die Erkundung der psychosozialen Dynamiken der Lebensführung sowie der Einflussmöglichkeiten Sozialer Arbeit. Sommerfeld verbindet empirische Forschung mit Theoriebildung Sozialer Arbeit.

Werner Schönig (1966) stellt eine Rahmung bisheriger Theorien Sozialer Arbeit vor, ohne diese in ihrer jeweiligen Eigenstruktur auflösen oder ersetzen zu wollen. Diese Theorierahmung beinhaltet einerseits die Thematisierung gesellschaftstheoretischer und sozialpolitischer sowie andererseits handlungstheoretischer Bezüge. Dazu verbindet Schönig die Systemtheorie nach Luhmann mit dem Pragmatismus nach Dewey. Für die Theoriebildung Sozialer Arbeit stellt Schönig die Begriffe Dualität, Situation und Prozess ins Zentrum seiner Überlegungen. Der Situationsbegriff beinhaltet soziale Diagnose, Unterstützung zur Selbsthilfe und die multiperspektivische, nicht abgeschlossene Thematik der Mandatierung Sozialer Arbeit.

Dieter Röh (1971) entwickelt ein systemisches Modell daseinsmächtiger Lebensführung. Er konzentriert sich auf Bedingungen und Möglichkeiten gelingender Lebensführung. Der Capability Approach dient als theoretischer Bezugsrahmen, um die strukturellen und subjektiven Bedingungen für eine gelingende Lebensführung in den Blick zu nehmen. Der Mensch steht im Spannungsfeld zwischen gesellschaftlichen Möglichkeiten und subjektiven Verwirklichungsmöglichkeiten. Soziale Arbeit nimmt Einfluss auf die subjektiven und gesellschaftlichen (Verwirklichungs-)Möglichkeiten über sozialpolitische Mitgestaltung, Einflussnahmen auf das Subjekt, Sozialräume, Sozialbeziehungen und sozio-ökonomische Lebenslagen, Ressourcennutzung und Kritik an strukturellen Hemmnissen sowie eine ethische Orientierung an einer gerechtigkeitstheoretisch fundierten Verantwortung. Neben dem Doppel- und Trippelmandat sieht Röh für Soziale Arbeit ein weiters Mandat in dem ökonomischen Auftrag, den Soziale Arbeit zusehends erhält.

In Überblicksbüchern zu Theorien Sozialer Arbeit werden unterschiedliche Systematisierungen, Theorien und Theoretiker:innen besprochen. Es zeigt sich, dass es keinen einheitlichen, abgeschlossenen Kanon von Theorien und Theoretiker:innen Sozialer Arbeit gibt. Der folgende dritte Überblick, der ebenfalls bzgl. der zugrunde gelegten Literatur nicht vollständig ist, soll die Möglichkeit eröffnen, schnell einführende Literatur zu einer interessanten Theorie bzw. zu einer Theoretikerin oder einem Theoretiker zu finden. Die Überblickswerke, denen diese Auflistungen entnommen sind, geben stets vertiefende Primär- und Sekundärliteraturhinweise sowie Überblickssystematiken, die nach unterschiedlichen Kriterien geordnet sind, und zum Teil Steckbriefe.

May (2010) bietet eine Systematisierung der Theorien Sozialer Arbeit mit Blick auf die Inhalte: Alltags-, lebenswelt-, lebenslagen- und lebensbewältigungsorientierte Ansätze, professionalisierungstheoretische Ansätze, systemtheoretische und system(ist)ische Ansätze, diskursanalytische Ansätze und psychoanalytische Sozialarbeit.

May/Schäfer (2018) beinhalten als Herausgeberschrift Aufsätze von May/Schäfer (Zur Bedeutung von Theorien für die Soziale Arbeit), Winkler (eine historisch-systematische Betrachtung der Vielfalt und Wandelbarkeit von Theorien der Sozialen Arbeit), Staub-Bernasconi (Soziale Probleme, Soziale Arbeit und Systemisches Paradigma), Klassen (systemische Soziale Arbeit), Kessl (macht- und diskursanalytische Perspektiven), Ziegler (Capability Ansatz), Füssenhäuser (Lebensweltorientierung und Lebensbewältigung) und Dörr (Psychoanalytische Soziale Arbeit).

Lambers (2020): Natorp (Aufbau einer Idealgesellschaft), Nohl (Kulturelle Identitätsentwicklung), Salomon (Soziale Diagnostik und soziale Gerechtigkeit), Richmond (Soziale Diagnostik und Selbsthilfe), Addams (Demokratisierung, Friedensgestaltung und soziale Gerechtigkeit), Arlt (Armutsbekämpfung), Klumpker (Volkswirtschaftlicher Auftrag), Scherpner (Persönliche Hilfe und Menschenführung), Mollenhauer (Emanzipation), Khella (Befreiung der Arbeiterklasse), Thiersch (Alltagsbewältigung), Otto und Dewe (Professionskritik), Winkler (Subjektentwicklung), Böhnisch (Lebensbewältigung), Lowy (Agogische Intervention), Rössner (Soziale Diagnostik und Verhaltensanpassung), Hege und Geißler (Verteidigung des Subjekts), Pongratz (Ideologiekritik), Germain und Gitterman (Bewältigung kritischer Lebensereignisse), Wendt (Lebensgestaltung), Staub-Bernasconi (Lösung sozialer Probleme), Kleve /Dekonstruktion und soziale Teilhabe), Miller (Beziehungsgestaltung), Röh (Daseinsmächtige Lebensführung), Wirth (individuelle und gesellschaftliche Lebensführung), Sommerfeld (Integration und Lebensführung), Kraus (Relationale Soziale Arbeit), Hosemann und Geiling (Kommunikation und soziale Teilhabe), Ritscher (Handlungsfähigkeit), Scheu und Autrata (Sozialbeziehungen und soziale Handlungen), Schönig (Theorierahmung), Bommer und Scherr (Soziologische Reflexion).

Sandermann/Neumann (2022): Mollenhauer (Theorie der industriegesellschaftlich gerahmten Erziehungswirklichkeit), Thiersch mit Füssenhäuser und Grunwand (Theorie der Alltags- und Lebensweltorientierung), Böhnisch mit Schefold (Theorie der Unterstützung zur Lebensbewältigung), Otto und Olk und Schaarschuch und Flösser (Theorie der Dienstleistungsorientierung), Dewe und Otto (Theorie der reflexiven Soziapädagogik), Winkler (Theorie des sozialpädagogischen Diskurses), Bommes und Scherr (Theorie der organisierten Hilfe), Baecker und Fuchs und Hillebrandt (Theorie des Funktionssystems sozialer Hilfe), Kessl (Theorie des Regierungshandelns), Schönig (Theorie der intervenierenden Sozialpolitik).

Hammerschmidt und Aner (2022): Mollenhauer (Soziale Arbeit als Theorie der Jugendhilfe), Peters (Soziale Arbeit als Instanz sozialer Kontrolle und Agentur sozialer Innovationen), Rössner und Alisch (Soziale Arbeit als tertiäre Erziehung), Hollstein und Meinhold (Soziale Arbeit als Herrschaftssicherung), Khella (Soziale Arbeit als revolutionäre Praxis), Barabas, Blanke, Sachße und Stascheit (Soziale Arbeit als vergesellschaftete Sozialisationsarbeit), Bossong (Soziale Arbeit als freundliche Kolonialisierung), Böhnisch, Schefold und Schröer (Soziale Arbeit als Hilfe zur Lebensbewältigung), Winkler (Soziale Arbeit als Ermöglichung von Subjektivität), Staub-Bernasconi und Obrecht (Soziale Arbeit als Menschenrechtsprofession), Bommes, Scherr, Merten und Hillebrandt (Soziale Arbeit als Inklusionsvermittlung), Dewe und Otto (Soziale Arbeit als stellvertretende Deutung), Schaarschuch und Oelerich (Soziale Arbeitals ko-produktive Unterstützung von Selbstproduktionsprozessen von NutzerInnen Sozialer Arbeit), Kleve (Soziale Arbeit als Re-Inklusion und Interdepentenzunterbrechung)

Hammerschmidt und Stecklina (2023): Pestalozzi (Soziale Arbeit als Erziehung zur Armut), Wichern (Soziale Arbeit als Innere Mission), Diesterweg (Soziale Arbeit als Lebens- oder Volkspädagogik), Natorp (Soziale Arbeit als Willenserziehung), Klumker (Soziale Arbeit als Erziehung, Versorgung und Verwertung der

Unwirtschaftlichen), Arlt (Soziale Arbeit als Bedürfnisbefriedigung), Nohl (Soziale Arbeit als Theorie der Jugendwohlfahrt), Bäumer (Soziale Arbeit als Erziehungsfürsorge (außerhalb der Schule)), Salomon (Soziale Arbeit als Wohlfahrtspflege), Mennicke (Soziale Arbeit als Heranbildung zur Gesellschaftsfähigkeit), Scherpner (Soziale Arbeit als Hilfe), Althaus (Soziale Arbeit als aufbauende Volkspflege).

Je mehr man sich mit Disziplintheorien Sozialer Arbeit beschäftigt, desto vielfältiger und reichhaltiger wird das Verständnis von möglichen Blickwinkeln auf Bedingungen und Gestaltungsmöglichkeiten sozialen Miteinanders. Es wird auch deutlich, dass es schwer sein dürfte, die eine Theorie Sozialer Arbeit zu formulieren, die alle relevanten Inhalte angemessen abbildet. Die Vorannahmen von Erkenntnisgewinnung, die konkreten Blickwinkel und Erkenntniswerkzeuge sowie die Handlungsoptionen sind vielfältig und sie widersprechen zum Teil. Allen Disziplintheorien ist gemeinsam, dass sie eine fachlich begründete Anschauungsmöglichkeit erläutern, soziales Miteinander, das heißt das spannungsreiche und vielfältige ((Un-)Abhängigkeits-)Verhältnis von Menschen zu ihrer Umwelt, zu begreifen und mitzugestalten, um Personen mit Unterstützungsbedarf im sozialen Kontext teilhabeorientiert so zu helfen, dass sie sich idealerweise selber verändern und helfen können.

> **Reflexionsfragen und -aufgaben**
>
> Welche Disziplintheorien und welche Middle-Range-Theorien sind Ihnen bekannt? In welchem Verhältnis stehen Middle-Range Theorien und Disziplintheorien?
> Versuchen Sie ein für Sie relevantes Überblicksschema der Disziplintheorien, die Ihnen besonders wichtig sind, zu erarbeiten.
> Welche Disziplintheorien haben Sie besonders angesprochen? Wählen Sie zwei Disziplintheorien aus und vergleichen Sie diese miteinander.
> Wählen Sie ein Praxisbeispiel aus. Beschreiben Sie den Wahrnehmungs- und Handlungszugang einer oder mehrerer von Ihnen ausgewählten Disziplintheorie zu diesen Praxisbeispiel. (Ein Praxisbeispiel aus der Betrieblichen Sozialen Arbeit und den jeweiligen disziplintheoretischen Zugang zu dieser Situation finden Sie in der Herausgeberschrift: Mennemann 2023.)

4. Identität der Sozialen Arbeit

Zusammenfassung

Die Identität einer Person oder einer Profession und Disziplin ist letztlich nicht definierbar. Dem sozialphänomenologischen Ansatz folgend bietet sich an, eine Metapher als Identitätskern zu formulieren. Metaphern in Form von Bildern und Narrativen sind wirkmächtig für das Bewusstsein, die Wahrnehmung und Handlungsformen. Die „Raummetapher" bietet sich für die Beschreibung von Bildungs-, Begleitungs-, Beratungs- und materiell ortsbezogener Gestaltungs- und Einflussinhalte und die „Begegnungsmetapher" für zwischenmenschliche Prozessbeschreibungen an. Dabei ist Soziale Arbeit in psycho-sozialer Hinsicht an der Verbesserung von Teilhabemöglichkeiten orientiert. „Teilhabeorientierte Begegnungsraumgestaltung in psycho-sozialer Hinsicht" wird als identitätsstiftende Metapher Sozialer Arbeit in diesem Kapitel begründet und als ein Diskursangebot entfaltet. Die in dieser Metapher enthaltenen Fachbegriffe können, so wird sich zeigen, zu einer weiteren Disziplintheorie führen.

4.1 Gemeinsame Inhalte und Charakteristika - kann es eine Supratheorie Sozialer Arbeit geben?

Soziale Arbeit als Disziplin thematisiert und entwickelt Voraussetzungen, Strukturen und Handlungsformen sozialen Miteinanders, damit Sozialarbeitende dieses teilhabeorientiert mit und für Personen mit professionellem Unterstützungsbedarf gestalten können. In vielen Handlungsfeldern sind Sozialarbeitende als Personen selbst beteiligt. Ziele sind stets

1. ein gelingender Umgang mit sozialen, alltäglichen Herausforderungen,
2. eine Erweiterung der Bewusstsein- und Handlungsformen der Personen,
3. mehr soziale Gerechtigkeit,
4. ein Fördern von Vielfalt und
5. insgesamt eine möglichst gelingende soziale Teilhabe.

Eine Supratheorie müsste den Gegenstand Sozialer Arbeit, die Gestaltung teilhabeorientierten, sozialen Miteinanders, vollständig theoretisch erfassen. Dieser ist jedoch vielfältig, denn er beinhaltet das biographisch-psychisch bedingte soziale Verhalten einer Person in ihrer Umwelt angesichts der gesellschaftlich gegebenen Rahmenbedingungen in unterschiedlichen sozialen Kontexten (Mennemann/Dummann 2022, S. 39ff.): Im Blick Sozialer Arbeit ist erstens eine Person mit ihren prägenden Erfahrungswelten, ihrem Bewusstsein von sich selbst und der sie umgebenden Welt sowie ihre Art und Weise, anderen Menschen gegenüber da zu sein, ihrem Habitus und ihrem sozialen Verhaltungsrepertoire. Die beschriebenen Inhalte bedingen sich gegenseitig und lassen sich nicht schnell kognitiv erkannt verändern, denn Unbewusstes, das Nervensystem, neuronale Strukturen, Affekte und Gefühle sowie habitualisierte Routinen können kognitiv nicht kausal erreicht und geführt werden. Auf der persönlichen Ebene sind alle Dimensionen grundsätzlich relevant: die Physis, die Psyche, die Kognitionen, die Sinnorientierung und soziales Miteinander (bio-psycho-soziales sowie spirituelles Menschenbild). Neben personenbezogenen Merkmalen beinhaltet der Gegenstand Sozialer Arbeit zweitens die Umwelt der Personen auf allen Ebenen und in allen Bereichen: primäre (Familie, Freundschaft, Nachbarkeit), sekundäre (Selbsthilfegruppen, Vereine) und tertiäre (professionelle Unterstützungsformen und Infrastruktur) Netzwerke im erlebbaren Umfeld genauso wie kommunale, landesbezogene und gesellschaftliche Rahmenbedingungen. Mitmenschliche, räumlich-architektonische, juristische, infrastrukturelle Bereiche der Umwelt sind grundsätzlich relevant. Der dritte relevante Bereich beinhaltet sowohl die eigene Fachlichkeit als auch die von Sozialer Arbeit geschaffenen organisationsbezogenen Rahmenbedingungen. Da Soziale Arbeit handlungsorientiert auf Gestaltung ausgerichtet ist, benötigt sie wie jedes reflektierte Handeln Normen, wertorientierte und fachliche Grundlagen, um eine Basis und eine Ausrichtung für soziale Interventionen zu erhalten. Das professionelle Grundverständnis drückt sich in der eigenen Fachlichkeit und in den organisationsbezogenen Rahmenbedingungen den Personen mit Unterstützungsbedarf gegenüber aus. Da Soziale Arbeit in der Selbstdefinition Menschen unterstützen und Teilhabe ermöglichen, also insgesamt Gutes will, ist der Blick auf die eigenen Begrenzungen durch Organisationen möglicherweise weniger stark ausgeprägt. Aber auch Soziale Arbeit folgt einem Eigeninteresse, sich selbst zu erhalten und machtvoll aufzutreten.

Die dargestellte Vielfältigkeit möglicher relevanter Inhalte des Gegenstandes Sozialer Arbeit ist groß. Ihr entsprechen die theoretischen Möglichkeiten, sich dem Gegenstand zu nähern. Soziale Arbeit wendet sich der Lebenswirklichkeit von Menschen, die mit Blick auf soziale Fragen Hilfe benötigen, in ihrem Alltag, zu. Es ist jedoch nicht möglich, innerhalb einer Theorie alle unterschiedlichen erkenntnistheoretischen, anthropologischen, gesellschaftstheoretischen sowie konkret adressat:innenbezogenen, umweltbezogenen und handlungsbezogenen Inhalte angemessen zu vereinen. Die Vielfältigkeit möglicher theoretischer Zugänge bleibt herausfordernd und interessant. Oder theoretisch grundsätzlicher formuliert: Der „Absolutismus der Wirklichkeit" (Blumenberg 2010, S. 157ff.) ist, plakativ ausgedrückt, nicht fassbar und nicht begreifbar. Es ist nur möglich, sich fokussiert und selektiv mit Hilfe von Alltags- und fachlichen Theorien Ausschnitten psycho-sozialer Wirklichkeit zuzuwenden.

So bleibt es notwendig und gewinnbringend, stets Neues zu lernen und sich im Verstehen von sozialer Wirklichkeit immer breiter und immer wieder neu „aufzustellen", schließlich beginnt das Denken über psycho-soziale Wirklichkeit bei der Wahrnehmung von sich selbst. Die größte Einflussmöglichkeit, Situationen mit Personen mit Unterstützungsbedarf möglichst gewinnbringend zu gestalten, liegt vorrangig und zuallererst in der bereichernden Selbsterkenntnis- und -erfahrung der Sozialarbeitenden. Theorien Sozialer Arbeit beziehen sich nicht nur auf die äußere Wirklichkeit, sie berühren auch die innere Wirklichkeit, das Verständnis der Sozialarbeitenden von sich selbst. Sie fordern auf, das eigene Bewusstsein und Handeln zu überdenken und zu verändern. Bildlich gesprochen treten Personen mit Unterstützungsbedarf in diesen Raum der Klarheit bzw. Unklarheit hinein. Über welche Inhalte wollen Sozialarbeitende aufklären, die sie selber nicht begriffen haben?

Die Vielfältigkeit und Komplexität des Gegenstandes, das unplanbare Interagieren unterschiedlicher Faktoren im Sozialen, muss nicht als Defizit einer Profession und Disziplin begriffen werden, vielmehr können die Theorien insgesamt einen Reichtum zur Verfügung stellen, konkreten sozialen Situationen möglichst angemessen zu begegnen. Selbst evidenzbasierte Forschungsergebnisse meinen i.d.R. nicht eine verlässliche Handlungsevidenz im sozialen Kontext, weil Inhalte zusehends komplex sind. Soziale Arbeit kann aufgrund ihrer empirischen Erfahrungen und theoretischen Konzepte einen gesellschaftlich relevanten Beitrag leisten, mit komplexen Krisensituationen umzugehen.

Für Soziale Arbeit wird im interprofessionellen Kontext notwendig sein, die disziplintheoretischen Grundlagen sowie das Wissen über spezifische Gruppen von Personen mit Unterstützungsbedarf und die Wirkung von Interventionen auf sie soweit wie möglich empirisch zu hinterlegen. Auch die konstruktive Hinzunahme digitaler Möglichkeiten für soziales Fallverstehen sowie die Verwendung und Evaluation künstlicher Intelligenzen ist hilfreich. Die Bestimmung der Aussagekraft empirischer Ergebnisse und der Durchdringungsgrad digitaler Unterstützung für professionelle psycho-soziale Hilfe sind entscheidend. Bzgl. Theorie und Empirie sowie analoger und digitaler Formen der Unterstützung geht es nicht um ein Entweder-oder, sondern um ein Sowohl-als auch.

Wir können festhalten, dass eine einzige Supratheorie mit Blick auf den Gegenstand Sozialer Arbeit schwer vorstellbar ist. Gäbe es sie, hier folgen wir Blumenberg, würde Leben in der Lebendigkeit eingeschränkt. Das Verhältnis von Theorie und Praxis würde auf ein kausales reduziert. Leben ist in Überraschungen, Ambivalenzen und Komplexität eingelassen.

Es gibt zwar Theorien, die eklektisch viele Inhalte anderer Theorien aufnehmen, aber damit werden sie notwendig theoretisch in den Begriffen unpräziser. Je präziser sie sind, desto spezifischer und möglicherweise einseitiger sind sie. Damit verlieren sie an Allgemeingültigkeit. Das Dilemma der Theorien Sozialer Arbeit besteht angesichts ihres Gegenstandes darin, entweder theoretisch präziser zu werden und an Allgemeingültigkeit zu verlieren oder allgemeiner und abstrakter zu werden und dann an Präzision einzubüßen.

Trotzdem ist es möglich, eine Identität Sozialer Arbeit als Diskursangebot zu formulieren, dazu müssen allerdings der Weg, eine Identität finden und beschreiben zu können, sowie die Form und Reichweite der Formulierung überdacht werden (s. Kap. 4.2.). In einer ersten Annäherung auf Kernbestandteile aller Disziplintheorien stellt sich die Frage nach gemeinsamen Inhalten bzw. Charakteristika, die allen Disziplintheorien Sozialer Arbeit zugrunde liegen. Die Charakteristika ergeben sich aus den Bedingungen des Auftrags, im sozialen Kontext zu handeln. Es gibt unterschiedliche Ordnungsmöglichkeiten, die Charakteristika darzustellen und es gibt keine abgeschlossene Liste. Die folgende orientiert sich an dem Auftrag Sozialer Arbeit, der Wahrnehmung von Wirklichkeit und an Handlungsmöglichkeiten Sozialer Arbeit. Sie besitzt einen aufsuchenden und anregenden, keinen abschließenden und analytischen Charakter (vgl. anders strukturiert und ausführlicher Mennemann/Dummann 2022, S. 58ff.).

■ Der Auftrag Sozialer Arbeit ist eingelassen in ein doppeltes Mandat zwischen hilfreicher Kontrolle und kontrollierter Hilfe (Heiner 2010, S. 37). Das doppelte Mandat wurde von Staub-Bernasconi erweitert zum Tripelmandat (Staub-Bernasconi 2007, S. 200 f.). Das dritte Mandat ist die fachliche, ethische und menschenrechtsbezogene Basis, der sich Soziale Arbeit verpflichtet weiß. Erst durch dieses dritte Mandat entwickelt sich Soziale Arbeit zu einer eigenständigen Handlungswissenschaft. Leistungsträger und Leistungserbringer stellen ihren Mitarbeitenden Rahmenbedingungen zur Verfügung, die auch die Fachlichkeit betreffen. Diese können noch einmal abweichen von den fachlichen und ethischen Vorgaben. Insofern kann es Sinn machen, ein viertes Mandat hinzuzunehmen, um das Begegnungsverhältnis zwischen Sozialarbeitenden und Adressat:innen angemessen auch organisationsbezogen zu erfassen (Mennemann/Dumman 2022, S. 51-53). Mit dem Charakteristikum des vierfachen Mandates verbunden sind mehrere Spannungsfelder:

  – die Wahrnehmung sich widersprechender Rollen durch Sozialarbeitende. Die Rollen beziehen sich u.a. auf die folgenden Aufgaben: Prüfinstanz („gate keeper"), Unterstützung („supporter"), Fürsprache („advocacy"), Vermittler („broker")

  – Organisationsorientierung versus Personenorientierung: Adressat:innen werden fachlich und organisationsbezogen „klientelisiert", ihre subjektiven Bedürfnisse werden zu fachlich definierten Bedarfen umformuliert. Eine konsequente Personenorientierung, wie sie das Bundesteilhabegesetz fordert, ist eine große Herausforderung für Leistungsträger und Leistungserbringer. Sie kann gar nicht umgesetzt werden, ohne organisationsbezogene Rahmenbedingungen einzuhalten.

■ Soziale Wirklichkeit ist stets komplex, kontingent und plural. Wahrnehmungen von Wirklichkeit seitens der Personen mit Unterstützungsbedarf und auch seitens der Sozialarbeitenden lassen sich begreifen als subjektive Wirklichkeitskonstruktionen. Die Wahrnehmung und Bewertung sozialer Situationen ist damit gebunden an die Persönlichkeit und Fachlichkeit der Sozialarbeitenden.

■ Die Handlung im Sozialen stellt eine Form des Miteinanders dar, sie lässt sich im Ergebnis als Ko-Produktion begreifen. Soziale Arbeit ist damit dialogisch, partizipativ und insgesamt empowernd ausgerichtet, wenn Personen mit Unterstützungsbedarf Hilfe benötigen (Zuständigkeitsgrenze nach dem Subsidiaritätsprinzip) und sofern keine Selbst- oder Fremdgefährdungssituationen vorliegen (Interventionsgrenze). Sie ist ergebnisoffen und primär prozessbezogen.

■ Da Soziale Arbeit die Adressat:innen empowern möchte, ist sie an Hilfe zur Selbsthilfe ausgerichtet. Das führt sie in das Spannungsfeld, sich einerseits selber organisational erhalten und andererseits adressat:innenbezogen auflösen zu wollen. Soziale Arbeit ist paradoxer Weise ein antipädagogisches Element zu eigen.

■ Die Wirkung professionellen Handelns ist nicht planbar. Professionelles Handeln unterliegt keinen Kausalketten, weil die Personen mit Unterstützungsbedarf innerhalb ihrer Bedingtheiten frei sind zu denken und zu handeln. Professionelles Handeln ist an die Person und fachliche Autonomie der Sozialarbeitenden gebunden, die im Prozess ihres Erachtens angemessene Theorien, Konzepte, Methoden und Techniken wechselnd auswählen, evaluieren und variieren.

- Die Kommunikation zwischen Sozialarbeitenden und Personen mit Unterstützungsbedarf lässt sich als asymmetrische oder idealerweise komplementäre Kommunikation begreifen. Deswegen unterliegt professionelles Handeln einer emotionalen, volitionalen und automatisierten Handlungsregulation auf Seiten der Sozialarbeitenden. Sie müssen sich zurückhalten und ihre Reaktionen reflektiert einsetzen, um nicht den Personen mit Unterstützungsbedarf gegenüber bekannte, nicht gelingende Begegnungsmuster zu wiederholen sowie nicht ihre Lebensweise auf die Personen mit Unterstützungsbedarf unbewusst als angemessene und richtig angenommene zu übertragen. Auf der Beziehungsebene entsteht eine Wechselbeziehung zwischen Nähe und Distanz. Das angemessene Maß an Nähe auf der Grundlage von Vertrauen und Verbundenheit einerseits und professioneller Distanz andererseits kann letztlich nur personen- und situationsbezogen austariert, reflektiert und verändert werden.

- Professionelles Handeln mit dem Ziel, Teilhabe zu stärken und soziale Gerechtigkeit herzustellen, unterliegt handlungsorientiert einem Dilemma, weil soziale Gerechtigkeit sowohl an Gleichbehandlung als auch an individuell unterschiedlichem Handeln aufgrund unterschiedlicher Voraussetzungen und Kontextbedingungen gebunden ist. Jedoch gibt es zwischen Gleichbehandlung und Differenzierung oder zwischen gleichen sozialpädagogischen Interventionen für alle und lebensweltlichen Differenzierungen keinen theoretisch beschreibbaren, idealen Mittelweg.

Die Charakteristika Sozialer Arbeit, die entlang des Auftrags, der Wirklichkeitswahrnehmung und den Bedingungen professionellen Handelns aufgelistet wurden, führen in der Theorie zu nicht aufhebbaren Spannungsfeldern, die dialektisch begriffen werden können, oder sogar sich im Grundsatz der Annahmen und Regeln widersprechenden Inhalten, also Antinomien (Gegengesetzlichkeiten, die aufeinander bezogen sind). Sozialarbeitende sind aufgefordert, in der Praxis reflexiv mit den Spannungsfeldern und Antinomien umzugehen: Sie richten ihr Handeln je nach Situation fachlich begründet stärker an dem einen oder an dem anderen Pol des Spannungsfeldes aus. E ist zu wünschen, dass empirische Forschung mehr Klarheit bringt über professionelles Handeln in Spannungssituationen.

Angesichts des komplexen Gegenstandes Sozialer Arbeit, der vielfältigen, wahrscheinlich nicht auf eine Supratheorie vereinbaren Disziplintheorien sowie der Charakteristika, die zu vielfältigen theoretisch nicht auflösbaren Spannungsfeldern führen, zu denen sich Sozialarbeitende in der Praxis konkret verhalten müssen, stellt sich nun die Frage nach einer beschreibbaren Identität Sozialer Arbeit.

4.2 Identität Sozialer Arbeit – wie kann eine Identität Sozialer Arbeit beschrieben werden?

Der Begriff der Identität ist uns vor allem mit Blick auf eine personenbezogene Identität vertraut. Wir alle haben mehr oder weniger bewusst ein identitäres Verständnis von uns selber. Aber was ist eine Identität und wie erlangen wir eine Identität? Sie kann im Zuge der „Spätmoderne" oder der „zweiten Moderne" (Beck 1986) begriffen werden als recht stabiles (Zwischen-)Ergebnis einer auf das Leben zurückblickenden, konstruierten und harmonisierenden Deutung sich widersprechender und komplexer Erfahrungen und Inhalte (s. ausführlicher: Keupp 1999). Die Entwicklung einer Identität ist ein dynamischer, nicht abschließbarer Prozess. Identitätsverständnisse sind auf der einen Seite recht stabil und auf der anderen Seite sind sie grundsätzlich veränderbar.

Identität ist eingelassen in einen sozialen Zusammenhang. Symbolisch, vor allem sprachlich vermittelte Zuschreibungen in Interaktionen können zur Übernahme in die eigene Identität führen. Besonders stark sind Zuschreibungen der primären Bezugsgruppe, der Familie, und dauerhafte gesellschaftliche Zuschreibungen, wie z.B. Behinderungen. Eine für sich angenommene Identität besteht aus übernommenen sozialen Zuschreibungen. „Das „ICH" ist die organisierte Gruppe von Haltungen anderer, die man selbst einnimmt. Die Haltungen der anderen bilden das organisierte „ICH", und man reagiert darauf als ein „Ich"" (Mead 2017, S. 218). Mit „ICH" ist das „sich selbst als Objekt erfahrende Ich" gemeint, im Original: „me" (Mead 2017, S. 216, Anmerkung der Übersetzer in der Fußnote). Demgegenüber ist das „Ich" der auf äußere Einflüsse reagierende Teil. Für den gesamten identitären Ausdruck, das selbst („self"), sind beide Anteile notwendig, das „ICH" („me") und das „Ich" („I") (Mead 2017, S. 243).

Zudem kann eine Person in unterschiedlichen sozialen Kontexten unterschiedliche Identitätsmuster annehmen: Diese können im Familien-, Freundschafts- und beruflichen Kontext sogar konträr zueinander sein, weil der identitäre Ausdruck im sozialen Kontext entsteht und mit diesem verwoben ist. Treffen sich beispielsweise Mitschüler:innen nach Jahrzenten wieder, fällt mitunter auf, dass schnell alte Rollen wieder übernommen werden, ohne dies zu beabsichtigen. Keupp spricht als Reaktion auf die gesellschaftlichen Herausforderungen in der „Zweiten Moderne" angesichts der Sozialität von dem „Patchwork der Identitäten" (Keupp 1999, Titel).

Der Zweck von Identität besteht in möglichst verlässlicher, Sicherheit gebender und sinnorientierter Wahrnehmungs-, Sprach- und Handlungsfähigkeit. Auf die Disziplin und Profession der Sozialen Arbeit übertragen bedeutet dies, dass eine Identität das Ergebnis einer Deutung ist. Sie kann und darf in der konkreten Ausgestaltung vielfältig sein. Sie entzieht sich einer begrifflichen, festlegenden Definition. Eine Disziplintheorie ist also nicht geeignet, eine für alle gültige Identität auszudrücken, weil sie in ihren Begriffen zu spezifisch ist. Allerdings enthalten alle Disziplintheorien wesentliche identitätsstiftende Elemente. Eine konkrete Disziplin- und Professionsidentität ist konstruiert und wandelbar. Und sie hat „viele Gesichter" je nach Handlungsfeld- und Theoriebezügen (Mennemann/Dummann 2022, S. 17).

Der Zweck der Beschreibung einer disziplinären und professionsbezogenen Identität ist die Sprachfähigkeit im interdisziplinären und interprofessionellen Kontext. Allgemeine Begriffe, die von vielen Disziplinen und Professionen übernommen und in Anspruch genommen werden wie „Ganzheitlichkeit" oder „Reflexivität" oder auch abgrenzende Zuschreibungen wie „Eigenschaftslosigkeit" (Kleve) machen wenig präzise sprachfähig gegenüber anderen Disziplinen und Professionen. Interdisziplinäre Diskurse und interprofessionelle Zusammenarbeit setzen ein disziplinäres bzw. professionelles Selbstverständnis voraus. Insofern macht es Sinn, sich auf die Suche nach einer Identität Sozialer Arbeit zu begeben. Es stellt sich die Frage, wie diese angesichts der Heterogenität des Gegenstandes gefunden werden kann.

Empirische Untersuchungen sind ein wichtiger Zugangsweg. Studierende Sozialer Arbeit (Harmsen 2014) oder Sozialarbeitende können befragt werden (Aghamiri u.a. 2023). Als Ergebnisse konnten für die Praxis bedeutsame Merkmale sozialpädagogischen und sozialarbeiterischen Handelns herauskristallisiert werden: z.B. die Erkenntnis, dass das praktische Handeln ein wichtiger identitätsbildender Faktor Sozialarbeitender ist und als Merkmal professionellen Handelns der Umgang mit Komplexität, Entscheidungshandeln in Ungewissheit etc. Aber eine allgemeingültige professionelle Disziplin- und Professionsbeschreibung fällt schwer. Die Ergebnisse müssten theoretisch abgeglichen werden und in identitätsstiftende Modelle überführt werden, um nicht auch in einer Diversität und diffusen Allzuständigkeit sozialen Handelns zu verhaften, wie sie im sozialen Kontext grundsätzlich erwartbar ist.

Darüber hinaus sind theoretisch zunächst drei Wege denkbar. Erstens kann versucht werden, vom „Gegenstand", von den Gruppen der Personen mit Unterstützungsbedarf bzw. den Handlungsfeldern aus eine Identität Sozialer Arbeit zu beschreiben. Allerdings ist Soziale Arbeit tätig von der Frühförderung bis zur Sterbebegleitung. Zudem hat wahrscheinlich jeder Mensch z.B. im Vorschul- oder/und Schulbereich mit Sozialarbeitenden zu tun. Der „Gegenstand" verweist auf alle Menschen einer Gesellschaft und ist damit zu unbestimmt und zu vielfältig, zumal sich die Handlungsfelder in ihren Grundlagen, Anliegen und Handlungsformen stark unterscheiden.

Der zweite beschreitbare Weg, aus den vielen Disziplintheorien eine Metatheorie oder „Überlegungen zu einer Theorieleitung" zu entwickeln (Pongratz) oder eine Theorierahmung oder „theorieverbindende Eckpfeiler" auf der Grundlage von Theorien (Schönig), ist als geschlossenes, theoretisch formuliertes Identitätskonzept ebenfalls schwer denkbar (Lambers 2020, S. 141+227). Dies hängt mit dem vielfältigen pluralen „Gegenstand" Sozialer Arbeit zusammen.

Drittens kann ein diskurstheoretischer Weg beschritten werden. Die Annahme ist, dass es gesellschaftlich für die Soziale Arbeit relevante Themenfelder gibt, aus denen Soziale Arbeit hervorgegangen ist. Diesen Weg haben unter anderen Herman Nohl, Alice Salomon und wie in Ansätzen beschrieben auch Michael Winkler (2021, S. 228ff.) beschritten. Die ausgemachten gesellschaftlichen Diskursfelder oder „geistigen Energien" sind in der Interpretation nicht eindeutig, wie ein Vergleich der Ergebnisse der drei Autor:innen schnell zeigt. Winkler begreift die von ihm entwickelten Kategorien und Theorieüberlegungen als „Theorie der Sozialpädagogik" und grenzt sich von der Sozialarbeit und dem Begriff der Sozialen Arbeit ab (Winkler 2021, S. 331ff.).

Die beschrittenen Wege haben wertvolle Theorieinhalte hervorgebracht. In Abgrenzung zu dem Bemühen, identitätsstiftende, alle Disziplintheorien umfassende Theorieinhalte im Ergebnis zu finden, wird im Folgenden ein vierter, neuer Weg beschritten. Wenn wir von dem Begriff der Identität, wie er zu Beginn des Kapitels beschrieben wurde, ausgehen, suchen wir keine Definition, keine Theorie mit Fachbegriffen, sondern eine offene Beschreibung, die vielfältige Definitionen und Zugänge ermöglicht. Schließlich sollen alle gesellschaftlich für Soziale Arbeit relevanten „geistigen Energien", alle Disziplintheorien und alle Adressat:innengruppen bzw. Handlungsfelder sich in der Identität wiederfinden können. Es bietet sich ein sozialphänomenologisches Vorgehen an, denn die Phänomenologie sucht das Wesentliche zu beschreiben in dem Wissen, dass es nicht fassbar und nicht definierbar ist. Dieses Anliegen korrespondiert mit den beschriebenen Eigenschaften einer Identität. Der Sozialphänomenologe Hans Blumenberg plädiert – wie dargestellt - im wissenschaftlichen Kontext für eine Metaphorologie als wichtiger und adäquater Form neben dem Versuch, Wirklichkeit über Thesen möglichst exakt abzubilden (2015). „Absolute Metaphern" (ders., S. 12), d.h. Bilder, die letztlich nicht definiert werden können, geben die Möglichkeit, komplexe Lebenswirklichkeit widerzuspiegeln. Sie machen sprachfähig, weil sie eine Wahrnehmungs- und Handlungsorientierung vorgeben, ohne den bezeichneten Inhalt zu definieren. Sie sind strukturierend auf Praxis ausgerichtet. Bilder von sozialer Wirklichkeit sind wie Geschichten (Narrationen) enorm wirkmächtig, i.d.R. wirkmächtiger als wissenschaftliche Erkenntnisse, weil sie das Gesamte schlüssig aufheben, sortieren und sinngebend widerspiegeln. Diese These sei mit zwei Beispielen belegt: Das Buch „Erzählende Affen" von Samira El Quassil und Friedemann Karig (2021) stellt eindrücklich die Wirkmächtigkeit von häufig unbewussten Bildern und Narrationen für Kulturen heraus. Unverstandenes Handeln innerhalb von Kulturen wird über die leitenden Bilder und Geschichten verständlich. Oder, um ein konkretes Beispiel zu nennen: Wenn die Herausforderung lautet, dass unterschiedliche Organisationen und Professionen in einem Gebiet vernetzt zusammenarbeiten sollen, erhalten Wahrnehmung und Handlungsoptionen unmittelbar eine Orientierung, weil alle Teilnehmenden eine bildhafte Vorstellung eines Netzwerkes als Verbindung unterschiedlicher Fäden oder Stränge haben. Allerdings sind mit der Metapher weder die Zielperspektive noch das fachliche Vorgehen definiert. Die Metapher ist attraktiv, weil sie viel Spielraum lässt. Zugleich ist die Gefahr, dass Netzwerke nicht stabil aufgebaut werden, weil zwischen den am Netzwerk Beteiligten etwas ganz anderes anvisiert wird und die Metapher nicht zu einem Fachbegriff weiter entwickelt wurde.

Die Attraktivität der Verwendung von Metaphern liegt in ihrer bildlichen Wiederspiegelung von Inhalten und in ihrer begrifflich theoretischen Abstraktheit. Viele können mit den Bildern etwas anfangen. Ein solches attraktives, von vielen identitätsstiftend geteiltes Bild in der Sozialen Arbeit bzw. ein phänomenologischer Kunstbegriff ist auch der der „Lebenswelt". Er bezeichnet etwas Undefinierbares, dem man sich nur nähern kann: die gesamte Welt eines einzelnen Lebens einer

Person. Diesen Kunstbegriff zu einem Theoriebegriff zu machen und ihn zu definieren ist herausfordernd und schwer. Und wenn er definiert wird, grenzt er sich zugleich von anderen relevanten Theoriebegriffen ab. Mit dem Lebensweltbegriff werden sich viele Sozialarbeitende identifizieren können, ohne das konkrete, handlungsorientierte Konzept lebensweltorientierter Sozialer Arbeit, also etwa die Aufklärung von Pseudokonkretheit mit Blick auf soziale Räume, Zeiten und soziale Beziehungen zu verwenden. Der Kunstbegriff der „Lebenswelt" beinhaltet eine Orientierung der Wahrnehmung auf die Personen mit Unterstützungsbedarf in ihrem Alltag. Er beinhaltet nicht das Handeln der Sozialarbeitenden. Insofern lenkt er den Blick, drückt aber nicht identitätsstiftend das Tun, das Handeln der Sozialarbeitenden aus.

> **Zwei Ebenen: Identität und Theorie**
>
> Es gibt zwei zu unterscheidende Ebenen: die Ebene der Identität und die der Theorie. Ein identitätsstiftender Begriff muss nicht definiert werden, er bleibt als bildhafte Wiederspiegelung abstrakt und allgemein. Eine Theorie muss über Fachbegriffe definiert werden. Mit der Definition gehen Abgrenzungen und Konkretisierungen einher, die es schwer machen, die gesamte Gültigkeit einer Disziplin und Profession abzubilden.

Eine identitätsstiftende Metapher zu finden, ist sowohl das Ergebnis der Beobachtung eines Gesamtzusammenhangs als auch ein sprachlich und gedanklich abbildender, kreativer Sprung. Bilder lassen sich nicht für alle eindeutig ohne Alternative als Ergebnis eines analytischen und kausalen Vorgehens ableiten.

Ein mögliches Bild von Sozialer Arbeit ergibt sich aus der Vorstellung einer Begegnung zwischen zwei oder mehreren Menschen. Diese Menschen begegnen sich konkret an einem Ort, der bzgl. seiner Voraussetzungen und materiellen Gegebenheiten beschrieben werden kann. Und zugleich kreieren die zwei Menschen in der konkreten Situation in ihrer Begegnung einen sprachlichen Gedanken- und einen persönlichen Beziehungsraum. Der Raum hat folglich sowohl intersubjektiv beschreibbare und materielle Anteile als auch subjektive, konstruierte und flüchtige Anteile, die nur von den Beteiligten erlebt werden und die mit Beendigung der Begegnungssituation aufzuhören, erfahrbar zu sein.

Im professionellen Kontext ist der Raum der Begegnung im Sinne der Ortskategorie von Winkler pädagogisch bewusst gestaltetet, konkret beschreibbar und für den Menschen erfahrbar. Zugleich ist er darüber hinaus ein vor allem (psycho-)analytisch beschreibbarer „Beziehungsraum" (Stemmer-Lück 2004) zusammenkommender Lebenswelten (Thiersch). Für die Gestaltung des erweiterten Hilferaumes kann der Sorgeraum (Wendt) ebenso relevant werden wie die Berücksichtigung und politische Mitgestaltung gesellschaftlicher und kultureller Rahmenbedingungen (Staub-Bernasconi, Khella). Er ist ausgerichtet an der Ermöglichung von Teilhabe und an sozialer Gerechtigkeit, so dass ethische und fachliche Grundlagen sowie die Menschenrechte als Orientierung der Gestaltung dienen (Staub-Bernasconi). Er hat den Zweck, Bewältigungshandeln zu fördern (Böhnisch), einen gelingenderen Alltag für die Personen mit Unterstützungsbedarf zu ermöglichen (Thiersch), dem „Modus der Differenz" durch Ermöglichung von

Aneignungsvorgängen zu begegnen (Winkler), behindernde, entfremdende und unterdrückende Strukturen sichtbar zu machen und anzuregen, diese aufzuheben (Khella), um letztlich Hilfe zur Selbsthilfe empowernd (Lambers 2020, S. 386ff.) zu ermöglichen. Die sich im Raum begegnenden Personen repräsentieren gesellschaftliche und auf der Seite der Sozialarbeitenden zusätzlich organisationsbezogene Rahmenbedingungen, die relevant und zu beachten sind. Sozialarbeitende folgen bei der Gestaltung des Raumes einem unterstützenden, sich in den Dienst stellenden Professionsverständnis als Grundhaltung und eröffnen reflexiv unterstützende und auch „stellvertretende Deutungen" (Dewe und Otto). Der Raum der Begegnung entsteht bereits durch das Hinzukommen von Sozialarbeitenden in die Alltäglichkeit der Adressat:innen. Er ist durch die Anwesenheit professionell Tätiger ein im Vergleich zum normalen Alltag anderer, künstlich geschaffener Raum bzw. ein Heterotopos (Foucault 1993), der Aneignungsvorgänge ermöglichen möchte, die in der Alltäglichkeit helfen, Herausforderungen besser als zuvor zu bewältigen. Bezeichnet Foucault mit Heterotopien „wirkliche Orte, wirksame Orte, die in die Einrichtung der Gesellschaft hineingezeichnet sind, sozusagen Gegenplatzierungen oder Widerlager, … gewissermaßen Orte außerhalb der Orte" (ders. S. 39), so sind hier durch Soziale Arbeit außerhalb des Alltags künstlich geschaffene Orte gemeint, die Aneignungen oder Veränderungen ermöglichen, die im Alltag helfen. Der Raum kann entweder als materiell gegenständlicher Ort bewusst geschaffen werden z.B. in Form von stationären Hilfen oder Begegnungszentren oder er entsteht fiktiv begreifbar, personenbezogen und kommunikativ gestaltet in dem Alltag der Personen mit Unterstützungsbedarf, z.B. in der Streetworkarbeit.

> **Identität Sozialer Arbeit**
>
> Das identitätsstiftende Bild von Sozialer Arbeit kann kurz benannt werden als teilhabeorientierte Begegnungsraumgestaltung in psycho-sozialer Hinsicht.

Die Teilhabeorientierung gibt die Ausrichtung auf ein Ziel vor. Dieses Ziel bezieht sich auf das Verhältnis von Individuum und Gesellschaft bzw. von individuellem Bedarf und Kontextbedingungen und -anforderungen. Dabei meint der „Bedarf" die Aushandlung zwischen subjektiven Bedürfnissen und fachlicher Bewertung. Begegnung beinhaltet die Beziehung und darüber hinaus verweist der Begriff auf alle Rahmenbedingungen der Beziehungsgestaltung. Begegnung findet situativ im Prozess statt. Im Vergleich zum Begriff „Sozialraum" beinhaltet Begegnung eine konkrete, persönliche Anteilnahme und (Mit-)Gestaltung der Situation. Der Sozialraum ist stärker ein „Gegenstand", der zunächst in seinen Merkmalen soziologisch beschrieben werden kann. Begegnung meint stärker auch Handlung in der Situation und im Prozess. Der Raum bezeichnet sowohl gegenständlich als auch bildlich als Beziehungsraum ein durch die Sozialarbeitenden strukturgebendes Merkmal der Begegnung. Die Klarheit des (gegenständlichen oder/und Gedanken-)Raumes stellt die Möglichkeit neuen Erkennens für die Personen mit Unterstützungsbedarf dar (s. ausführlicher zur Tradition des Raumbegriffes in der Sozialen Arbeit Hamburger 2003, S. 132ff.). Und schließlich konkretisiert die psycho-soziale Dimension den Inhalt des „Gegenstandes". Es geht nicht um eine architektonische Gestaltung eines Raumes, obwohl es überschneidende Inhalte zwischen der Sozialen Arbeit und der Architektur gibt. Denn das Ziel von Architektur ist ebenfalls, Orte der Geborgenheit, des Willkommenseins sowie der Herausforderung zu kreieren.

> **Inhalte teilhabeorientierter Begegnungsraumgestaltung**
>
> „Teilhabeorientierte Begegnungsraumgestaltung" beinhaltet die professionell gestaltbaren Qualitätsmerkmale Struktur, Prozess und Ergebnis. Die psycho-soziale Ausrichtung lenkt die Wahrnehmung auf die Art und Weise des Bewusstseins und des sozialen Handelns der Personen mit Unterstützungsbedarf. Die Begegnungs- und die Raumgestaltung markieren die Handlungsmöglichkeiten. Sie können je nach Bedarf kleiner (personenbezogene Ebene), mittelgroß (Sorgeraum mit Professionen und Organisationen) oder groß (gesellschaftliche Rahmenbedingungen) gehalten werden bzgl. der Wahrnehmung und des Handelns. Teilhabeorientierung meint die Gestaltung der Relation zwischen Bedarf des Individuums und gesellschaftlichen Rahmenbedingungen. Die Möglichkeiten der Selbstsorge treffen auf den gestalteten Sorgeraum. Sozialarbeitende können Teil des Begegnungsraumes sein oder diesen z.B. als Referentinnen oder Referenten auf fachpolitischer Ebene für Personen mit Unterstützungsbedarf mitgestalten. Die Raumwahrnehmung und das Handeln können sich auf einen Einzelfall, eine Gruppe, das Gemeinwesen und auch auf die politische Fachöffentlichkeit beziehen.

Der im Ursprung des sozialpädagogischen Strangs Sozialer Arbeit bei Pestalozzi im Stanser Brief benannte Ausgangspunkt des Handelns, das dialektische Verhältnis zwischen Mensch und Umwelt wird in dem Begriff des „Begegnungsraumes" aufgenommen. Und zudem beinhaltet der Begriff der Raumgestaltung das ursprüngliche sozialarbeiterische Anliegen, die politische Mitgestaltung der Rahmenbedingungen sowie wirtliches Handeln im Sorgeraum mit Blick auf den Bedarf der Personen mit Unterstützungsbedarf.

Alle Disziplintheorien lassen sich innerhalb des kreierten Bildes verorten. Zugleich drückt das Bild die Ausrichtung der Wahrnehmung, die Zielperspektive sowie Handlungsoptionen aus. Das Bild bezieht sich auf die Tätigkeit der Sozialarbeitenden: Sie gestalten teilhabeorientiert Begegnungsräume mit Blick auf das Bewusstsein und soziale Verhaltungsweisen der Personen mit Unterstützungsbedarf.

Auf der Ebene der Metapher bleibt der formulierte identitätsstiftende „Kern" Sozialer Arbeit abstrakt. Er erfüllt den Zweck, sprachfähig zu machen. Alleine mit Hilfe der Metapher kann z.B. Soziale Arbeit in der stationären Altenarbeit oder im Hospiz in seiner Ausrichtung näher beschrieben werden. Zu diesen Handlungsfeldern sind im Rahmen von Seminaren Konzepte entwickelt worden. Sozialarbeitende gestalten in der stationären Altenarbeit Begegnungsräume, um Teilhabe der dort lebenden Menschen an sozialen Zusammenhängen auch über die stationäre Einrichtung hinaus sowie auch eine Teilhabe zu sich selbst, zum Prozess des Alterns und auch des Sterbens, zu ermöglichen. Sozialarbeitende grenzen sich von Pflegekräften in einem stationären Hospiz dadurch ab, dass sie spezialisierte professionelle Tätige darin sind, das Hospiz als Begegnungsraum nach innen und außen zu gestalten.

Die Begriffe der Metapher „Begegnungsraum" können nun zusätzlich zu Fachbegriffen jenseits der bildlich beschreibbaren Inhalte weiterentwickelt und differenziert werden. Wenn dies geschieht, verlassen wir die Ebene der identitätsstiftenden Metapher. Die dann entstehende Disziplintheorie kann eine Orientierung gebende Disziplintheorie sein neben den anderen. Sie ist dann ebenso wie alle anderen nicht in der Lage, alle Inhalte der anderen Theorien aufzunehmen.

4.3 Identitätsgeleitete Fachbegriffe – wie sieht eine von der Beschreibung der Identität einer Sozialen Arbeit abgeleitete Theorie aus?

Angesichts der vorgeschlagenen Identitätsbeschreibung „teilhabeorientierter Begegnungsraumgestaltung in psycho-sozialer Hinsicht" steht vor allem die Metapher des Begegnungsraumes im Zentrum theoretischer Präzisierungen. Neben der Zielperspektive der Teilhabeorientierung sind die aus der Metapher ableitbaren Kategorien Begegnung und Raum theoretisch zu spezifizieren. Beide sind im theoretischen Diskurs Sozialer Arbeit nicht neu. Im Folgenden werden Möglichkeiten, eine Disziplintheorie anhand dieser beiden Kategorien auszuformulieren, benannt und angedeutet.

Die Kategorie „Begegnung" stellt in Form des „pädagogischen Bezugs" nach Herman Nohl die erste Theoriekategorie der Fürsorgepädagogik, der späteren Sozialpädagogik dar, die diese angewandte Philosophie von anderen Disziplinen abgrenzen und unabhängig machen sollte. Neben dem „pädagogischen Bezug" werden in der Literatur auch u.a. die folgenden Begriffe verwandt: „erzieherisches Verhältnis", „pädagogische Relation", „erzieherischer Kontakt", professionelles oder „pädagogisches Rollenverhältnis", (pädagogische) Interaktion, „pädagogische Beziehung", asymmetrisches oder komplementäres Kommunikationsverhältnis und unterschiedliche Begriffe im Zusammenhang mit professioneller Beratung (Mennemann 1998, S. 62). Der „pädagogische Bezug" nach Nohl, der als erstes, eigenständig ausformuliertes theoretisches Modell verstanden werden kann, lässt sich als vielfältiges dialektisches Gebilde darstellen. Lee (1989) hat die Ausführungen Nohls in einer Graphik anschaulich dargestellt.

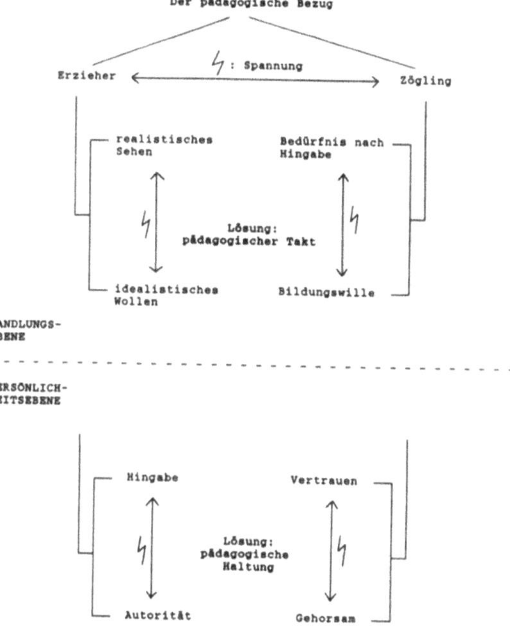

Abb 7: „Pädagogischer Bezug" nach Nohl (Lee 1989, S. 95)

Der „pädagogische Bezug" baut auf Nohls idealistischem Menschenbild auf, das in ein generatives Verhältnis eingelassen ist und sich insbesondere in der unhinterfragten Repräsentanz des „höheren Lebens" durch die Erzieher:innen äußerst, sowie auf der Annahme der Autonomie der Pädagogik, die von sozialwissenschaftlichen Überlegungen abzugrenzen sei. Beide Annahmen müssen in Frage gestellt und kritisiert werden. Werte und Normen sind vielfältig geworden, und Sozialarbeitende repräsentieren nicht von sich aus ein „höheres Leben". Vielmehr unterliegen ihre Haltung, ihre Wahrnehmung und ihr Verhalten selektiven Deutungsmustern und Machtinteressen, die selbstreflexiv hinterfragt werden müssen. Nohls Begriffe wie „leidenschaftliches Verhältnis", „Gehorsam, „Autorität" usw. müssten theoretisch hinterfragt werden. Nohl ist nach heutiger Auffassung empirisch nicht klar vorgegangen. Heutige Ansprüche an eine professionelle Beziehungsgestaltung müssten empirisch anschlussfähig sein. Neben Zielen, die mit den Personen mit Unterstützungsbedarf ausgehandelt werden, müsste auch das antipädagogische Ziel der Auflösung dieser professionellen Beziehung mitgedacht werden, um Unabhängigkeit, Selbsttätigkeit, Empowerment-Prozesse und Emanzipation auch jenseits der Ansichten der Sozialarbeitenden stärker zu betonen. Zudem müssten gesellschaftliche Einflüsse sowohl auf Sozialarbeitende als auch auf die Personen mit Unterstützungsbedarf mitgedacht werden. Nohls Modell suggeriert, dass die Handlungsorientierung sich primär auf die Adressatin bzw. den Adressaten als Person ausrichtet. Mollenhauer (1991, S. 23) und Winkler (2021, S. 249ff.) betonen, dass das Arrangement der Erziehungsbedingungen (Mollenhauer) bzw. die Ortsgestaltung (Winkler) zentral sind. Eine Bewegungsrichtung von der Wahrnehmung zum Handeln zwischen „Subjektivitätsstil" und „Ort" denkt Nohl nicht an. Darüber hinaus wird die Bildung nicht in einen zeitlichen Kontext mit unterschiedlichen Phasen zwischen Nähe und Distanz gedacht.

Eine theoretische Entfaltung des Begegnungsbegriffes kann, das hat die kurze Auseinandersetzung mit dem Modell vom „pädagogischen Bezug" nach Nohl bereits gezeigt, zwar im Sinne Nohls als vielfältiges, spannungsreiches Konzept, das teleologisch ausgerichtet ist und einen interimistischen Charakter hat, begriffen werden, es müsste aber viel stärker in einen sozialwissenschaftlichen, machttheoretischen und historischen Kontext gestellt werden sowie grundsätzlich reflexiv bzgl. der vertretenen Werte und Normen auf der Haltungs- und Handlungsebene formuliert werden. Die Inhalte: Pluralität von Werten und Normen, der gesellschaftliche Kontext, Prozessbezogenheit und insgesamt eine Zeitdimension, die Selbstauflösung der Beziehung als Ziel und antipädagogische Elemente, die Zieldimension des selbstbestimmten Empowerments, Dialogik und Selbstreflexivität der Sozialarbeitenden, Machtmissbrauchsgefahren sowie die Begrenzung der eigenen Wahrnehmung müssten immanent mitgedacht werden. Insgesamt ließen sich „professionelle Beziehungsgestaltung in der Sozialen Arbeit" (Best 2023) und „Soziale Arbeit als Beziehungsprofession" (Gahleitner 2017) vor allem auch mit Blick auf den ‚hard to reach'-Bereich theoretisch differenziert darstellen. Eine psychoanalytische Theorie Sozialer Arbeit der „Beziehungsräume" hat Stemmer-Lück vorgelegt (2004). Eine Grundstruktur, die die Normen der Sozialarbeitenden in Frage stellt und die zum Begreifen der Beziehung dialektischem Denken folgt, würde die Verantwortung der Sozialarbeitenden mit Blick auf ihre Wahrnehmung und ihr Handeln angesichts der grundsätzlich gegebenen „Andersheit der Anderen" (Levinas 2012, S. 209ff.) stärker in den Vordergrund stellen. Der Begriff der Begegnung legt eine Verantwortung und ein Bewusstsein nahe, einem grundsätzlich Anderen, letztlich nicht Verstehbaren, in seiner Selbstbestimmung und Eigenständigkeit zu begegnen. Die Gefahr eines vorschnell fürsorglichen sowie sogar missbräuchlichen und übergriffigen Handelns müsste thematisiert werden. Die Begegnungsgestaltung könnte nicht nur idealistisch vom denkenden und Normen vorgebenden, professionell Tätigen ausgehen, sie würde stärker ein dialogisch orientiertes, mäanderndes und mäeutisches gemeinsames Reflektieren bzw. die gemeinsame Gestaltung des Zwischenraumes hervorheben. Begegnung als Kategorie Sozialer Arbeit beinhaltet eine Form von Unterschiedlichkeit und Spannung, die auf der Grundlage von Vertrauen konstruktiv wirksam umgesetzt werden kann. Mit der Kategorie der Begegnung bringt Soziale Arbeit ein Angemessenheits- und Gleichgewichtsdenken angesichts unterschiedlicher Perspektiven und der gegebenen Komplexität in Begegnungen in den Diskurs ein. Komplexitätstheorien als eine Grundlage der Kategorie „Begegnung" führen stärker zu Bewegungsmustern und zu dissipativen Strukturen, die Neues hervorbringen (s. ausführlich zum Thema „Komplexität gestalten" für die Soziale Arbeit und Case Management: Kleve 2016). Auf diesen Grundlagen könnte ein theoretisch bestimmter Begegnungsbegriff, der über die Betrachtung einer Beziehung hinausgeht und der mit Hilfe des Raumbegriffs die Kontextfaktoren auf der Mikro-, Meso- und Makroebene einbezieht, präziser formuliert werden.

Die Kategorie „Raum" kann verstanden werden als bewusst gestalteter Ort. Orte sind demgegenüber zunächst gleichgültig und wertneutral vorhanden. Wenden wir uns zunächst phänomenbeschreibend dem Begriff des Ortes zu, so lässt sich schnell festhalten, dass es für Menschen gute und schlechte Orte gibt. Gute Orte bieten „festen Anhalt und einen leeren Platz für die Kommenden" (Otto 1992, S. 31). Sie gewähren Schutz und empfangen mit dem „ursprünglichen Charakter der Freundlichkeit. Das Dasein erwartet ursprünglich Wohlsein am Ort, Willkommensein; sonst gäbe es nicht Enttäuschung, und nicht Entsetzen, wenn man verjagt wird" (Otto 1992, S. 114). Blumenberg sieht den Menschen gerade dadurch charakterisiert, dass er von Anfang an vertraute Räume bzw. „Höhlen" (1989) benötigt und sich diese schafft in zunächst ursprünglicher, materiell-gegenständlicher Form und später u.a. in Formen des Staates, der Städte und der eigenen Vernunft. Die starken gehen schließlich von „Hunger und Neugierde – und wer weiß wann welche Gelüste noch? -" (Blumenberg 2016, S. 805) aus der Höhle, während die Schwachen zurückbleiben und sich wichtig zu machen wissen: sie erfinden Geschichten und stärken den Starken den Rücken mit magischen Ritualen. Höhlenausgänge sind mit Gefahren verbunden und zugleich bereichern sie die Lebensgrundlage und sind notwendig für Entwicklung.

Soziale Arbeit findet in der Bereitstellung guter und zur Bildung herausfordernder Orte eine Aufgabe. Der Ort als Theoriekategorie kann mit Winkler sowohl als Analyse- („sozialer Ort") als auch als Handlungskategorie („pädagogischer Ort") mit dem Ziel, teilhabeorientiert Aneignung zu ermöglichen, und in seiner „Mikrologik" konkreter Begegnungspraxis erläutert werden (vgl. Mennemann 1998, S. 42ff.). Neben dem Orts-Begriff wird in der Sozialen Arbeit vor allem der Raumbegriff verwandt. Es ließe sich eine Theoriegeschichte der Verwendung dieses Begriffes herausarbeiten (Hamburger 2003, S. 132ff.). Insbesondere im Zuge der Erläuterungen zur sozialraumorientierten Arbeit als dritter klassischer Methode Sozialer Arbeit wird dieser auch theoretisch differenziert diskutiert. Modelle der Settlement-Bewegung, des Community Organizing, der Gemeinwesenarbeit, der Sozialraumorientierung und der Quartiersarbeit ließen sich erläutern. Ein „relationales Raumverständnis" tritt vor einem „absoluten Raumverständnis" ins Zentrum des Interesses Sozialer Arbeit (Kessl 2011, S. 291). Das relationale Raumverständnis beinhaltet sowohl einen beschreibbaren und erlebten sozialen Raum zwischenmenschlicher Beziehungen als auch – diesen Aspekt hebt Kessl hervor – die intrapersonale, bewertete Repräsentanz des gegenständlichen Raumes (relativer und konstruierter Raum): ein und derselbe sozialwissenschaftlich-empirisch beschreibbare Raum wird intrapersonal unterschiedlich bewertet. Soziale Arbeit ist insbesondere an diesen Bewertungen und subjektiven Wahrnehmungen unterschiedlicher Gruppen von Personen mit Unterstützungsbedarf interessiert. Sozialraumorienterte Soziale Arbeit kennt viele Techniken, relationale Raumverständnisse abzubilden, und unterschiedliche Handlungsformen. Insgesamt könnte eine Theoriegeschichte und Systematik des gestalteten Ortes bzw. des Raumes entfaltet werden.

Neben dem zu Beginn angedeuteten philosophisch-phänomenologischen Orts- und Raumverständnis könnten als bezugswissenschaftliche Theorien deutlich intensiver als bislang geschehen die Geographie, die Architektur und auch die Kulturwissenschaften befragt werden. Hier gibt es weitreichende für die Soziale Arbeit relevante Darlegungen (um nur ein Beispiel aus der Kulturwissenschaft zu nennen, sei auf die „Poetik des Raumes" von Gaston Bachelard (2011) verwiesen).

Zudem müsste der Raumbegriff stärker als bisher mit der zunehmenden Entgrenzung von Räumen im digitalen Zeitalter konfrontiert werden, der Unbestimmtheit und Pluralität von Räumen, dem Zusammenhang zu ökologischen Bedingungen von Lebensräumen sowie der Gefahr der Manipulation und des (Macht-)Missbrauchs in gestalteten Räumen, die selbst bei Rousseau in „Emil" (2010 (1762)) paradoxer Weise in der Hinwendung zum ungestalteten, natürlichen Raum jenseits der Gesellschaft angelegt ist, bis hin zu Räumen im Sinne eines Panoptikums (Foucault 2022) und „totalen Organisationen" (Goffman 2016). Der Begriff der Begegnungsraumgestaltung müsste sich insgesamt den Paradoxien und Gefahren professionell geschaffener Asymmetrien, Anormalitäten, Heterotopien und Machtverhältnissen sowie Entgrenzungs- und Pluralitätsfragen selbstreflexiv stellen.

Mit der formulierten Zielperspektive der Teilhabeorientierung müssten theoretisch u.a. Fragen der Gouvernance (des Regierungshandelns), der Unterschiede und der Gestaltung psycho-sozial-gesundheitlicher Infrastruktur in den Sorgeräumen sowie Fragen nach sozialer Gerechtigkeit (Capability Ansatz) aufgearbeitet werden. Gleiche Rechte und Gleichbehandlung führen zu inklusiven Handlungsformen, während individuelle Unterstützung zu integrativen Handlungsformen führen. Beide Handlungsformen müssten in ihrer Bedeutung ausdifferenziert und dargelegt werden.

Teilhabeorientierte Begegnungsraumgestaltung beschreibt prozessbezogen darüber hinaus eine professionelle Bewegungsrichtung. Ausgehend von der Wahrnehmung des anderen Menschen und seinen geäußerten Bedürfnissen entsteht Raumgestaltung. Strukturierendes Element ist zunächst und vor allem die Person der bzw. des Sozialarbeitenden in ihrer bzw. seiner Form der Klarheit der Gedanken, und dann sind es die tatsächlichen Rahmenbedingungen des Raumes. Gestaltet wird nicht die andere Person, sondern der (Zwischen-)Raum. Mit dieser Schwerpunktsetzung ist Soziale Arbeit weitaus mehr als Beziehungsgestaltung. Im Begegnungsraum wird die Situation der hilfesuchenden Personen verändert durch materielle Zuwendungen, Zurverfügungstellen notwendiger Hilfen im Sorgeraum, politische Mitgestaltung oder beratende Kommunikation, also einen Gedankenraum. Im Raum treffen öko-sozial betrachtet Selbstsorge und gesellschaftlich zur Verfügung gestellte Versorgung zusammen. Zudem stellen Räume in sozialpädagogischer Hinsicht gedanklich und gegenständlich Aneignungsmöglichkeiten zur Verfügung. Bedarfsorientiert zur Verfügung gestellte Hilfebedingungen sowie erweiterte Bewusstseins- und Handlungsformen tragen zu verbesserten Teilhabemöglichkeiten bei.

Diese Theorie fokussiert die Frage nach Teilhabemöglichkeiten (Bezugsproblem). Normativitätsmaßstab für die Tätigkeit Sozialer Arbeit sind unter Berücksichtigung des Subsidiaritätsprinzips die präventive Ermöglichung von Teilhabe, die Verhinderung von Ausgrenzung und die Unterstützung bei dauerhaft nicht gelingender Teilhabe. Der präventiven Ermöglichung von Teilhabe können zum Beispiel Berufsvorbereitungskurse für junge Erwachsene zugeordnet werden. Eine Verhinderung von Ausgrenzung kann durch ein Beratungsangebot für geflüchtete Menschen ermöglicht werden. Und ein Wohnprojekt für Haftentlassene kann eine Unterstützung bei dauerhaft nicht gelingender Teilhabe darstellen.

Teilhabe bezieht sich dabei sowohl auf gesellschaftliche normative (Gesetzes-)Grundlagen als auch auf die Bedürfnisse von Menschen und ist in der konkreten Situation als Bedarfsfeststellung Ergebnis eines Aushandlungsprozesses. Eine Ausnahme ist direkte Intervention bei Selbst- und Fremdgefährdungssituationen. Nicht Teilhabe und Ausschluss können ebenfalls sinnvolle Ziele sein. Teilhabe ist geknüpft an gesellschaftliche Voraussetzungen sowie an Emanzipations- und Empowermentprozesse.

Gegenstand der Theorie sind Handlungsformen Sozialer Arbeit, die insbesondere mit den Grundbegriffen Teilhabeorientierung, Begegnung und Raum theoretisch und praxisbezogen ausdifferenziert werden können. Mit Teilhabe wird das Verhältnis von Individuum und Gesellschaft, von Selbstsorge und Bedarf auf der einen Seite und Sorgestrukturen auf der anderen Seite thematisiert. Dieses Verhältnis lässt sich über den Subjektbegriff erläutern. Der Begegnungsraum meint sowohl die Gestaltung der Beziehung zwischen Personen und Sozialarbeitenden als auch die pädagogische und die strukturell sorgende Gestaltung des Raumes. Die Beziehungsgestaltung beinhaltet die Selbstreflexion, die Wahrnehmung der Person mit Unterstützungsbedarf und die Situationsreflexion. Die Raumgestaltung lässt sich auf den Ebenen der primären (Familie, Nachbarschaft, Freundschaften), sekundären (Vereine, Selbsthilfegruppen, themenbezogene Zusammenschlüsse) und tertiären Netzwerke (professionelle Hilfen, Organisationen) sowie den gesellschaftlichen Kulturvoraussetzungen und Rahmenbedingungen darstellen. Zentrale Theorieinhalte Sozialer Arbeit lassen sich im Überblick wie folgt darstellen:

Teilhabeorientierung (in psycho-sozialer Hinsicht)	Begegnungsgestaltung	Raumgestaltung
Subjekt: Verhältnis von Individuum und Gesellschaft Bewältigungsformen, Lebenswelt, Lebensführung Gesellschaftsverständnis, fördernde und hindernde Bedingungen, gesetzliche Rahmenbedingungen, Kulturvoraussetzungen	Beziehungsgestaltung: Selbstreflexion und eigene Fachlichkeit; Adressat:innengruppen-wissen, konkrete Wahrnehmung; Situationsreflexion; Dialektik des pädagogischen Bezugs im gesellschaftlichen Kontext; Komplexitätsgestaltung	Primäre, sekundäre, tertiäre Netzwerke, Organisationen, Infrastruktur, Aneignungsraum, absolute, relationale und relative/konstruierte Räume; Sorgeraumgestaltung Normative gesellschaftliche Grundlagen

Abb 8: Theorieinhalte teilhabeorientierter Begegnungsraumgestaltung in psycho-sozialer Hinsicht (eigene Darstellung)

Die Theorieinhalte lassen sich über bezeichnende Begriffe, die zu Fachbegriffen im wissenschaftlichen Diskurs ausformuliert werden können, erläutern. Sie beziehen sich an vielen Stellen aufeinander, weil gesellschaftliche Rahmenbedingungen der Teilhabe, der Begegnungsgestaltung und der Raumgestaltung zugrunde liegen, und sie sind anschlussfähig an bestehende Disziplintheorien. Zentrale Fachbegriffe wie Subjekt, Ort und Pädagogischer Bezug wurden an anderer Stelle bereits erläutert und handlungsorientiert angewandt (Mennemann 1998, Teil I). Sie ließen sich um die oben benannten Theorieinhalte ergänzen.

Forschungsorientiert ist relevant, Bezüge der Theorieinhalte zueinander herzustellen. Welche Räume sind bei welchem Bedarf hilfreich? Welche Beziehungsaspekte und fachlichen Impulse sind mit Blick auf welche Gruppen von Personen mit Unterstützungsbedarf förderlich? Wie verhalten sich Sozialarbeitende in Spannungsfeldern, die im Begegnungsraum notwendig entstehen? usw..

Die Entwicklung einer eigenständigen Disziplintheorie in Anlehnung an die identitätsstiftende Metapher teilhabeorientierter Begegnungsraumgestaltung in psycho-sozialer Hinsicht kann an dieser Stelle nur angedeutet werden. Sie soll anregen, die eigene Identität für sich zu formulieren sowie zentrale Theorien und Fachbegriffe zu finden und zu vertiefen.

Reflexionsfragen und -aufgaben

Wie beschreiben Sie Ihre Identität als Sozialarbeitende:r? Welche Beschreibungsinhalte sind Ihnen wichtig? Welche könnten noch weiter entwickelt werden? Wie drücken Sie Ihre Identität aus?

Wenden Sie die vorgestellte Metapher „teilhabeorientierte Begegnungsraumgestaltung in psycho-sozialer Hinsicht" auf Praxisfelder an. Welche Aufgaben ergeben sich beispielsweise für Sozialarbeitende, wenn Sie in der offenen Kinder- und Jugendhilfe oder in der stationären Altenhilfe tätig sind alleine mit Blick auf

die Metapher? Schreiben Sie stichpunktartig Inhalte eines Konzeptes Sozialarbeitender in diesen oder in einem anderen von Ihnen gewählten Handlungsfeld mit Blick auf die Metapher auf.
Können Sie das mit der Metapher verbundene Unkonkrete Sozialer Arbeit und die Vielfältigkeit von Theorien Sozialer Arbeit stehen lassen oder wünschen Sie sich eine konkretere, die Praxis anleitende Identitätsbeschreibung? Begründen und diskutieren Sie Ihre Haltung.

5. Ausblick: Lust auf mehr – Anwendungsbeispiele und Möglichkeiten der Seminargestaltung

Disziplintheorien Sozialer Arbeit sind in Sprache gefasstes und im disziplinwissenschaftlichen Kontext verortetes Denken von Personen, das von den Lesenden wiederum entschlüsselt werden muss. Es lohnt sich, Theorietexte gemeinsam zu lesen und zu diskutieren, um die unterschiedliche Tiefe des Verstehens, die Verknüpfungen mit anderen Theorien (Erkenntnistheorien, Anthropologien, Gesellschaftstheorien und anderen bezugswissenschaftlichen Theorien sowie anderen Disziplintheorien) und unterschiedlich interpretierte Inhalte miteinander auszutauschen. Es ist hilfreich, Lese- und Diskussionsrunden durchzuführen, um sich darin zu üben, immer klarer und differenzierter Wirklichkeit und der Situation angemessene, für die Ratsuchenden hilfreiche, soziale Handlungsformen zu denken.

Der Umgang mit (Disziplin-)theorien kann begriffen werden als Trainieren und Verändern des eigenen Wahrnehmungs"schlüssels" zur Welt (vor allem, aber nicht nur im professionellen Kontext). Mit ihnen lässt sich ein kategoriales, verstehendes (hermeneutisches) „Raster" oder „Strukturnetz" der Wahrnehmung entwickeln. Wir können uns mit ihnen – bildlich gesprochen – eine immer differenzierter werdende „Brille" aneignen, mit der wir psycho-soziale Wirklichkeit erkennen können. Aus einem Seminar zu Disziplintheorien ist z.B. die Herausgeberschrift: „Wie Theorien die Praxis stärken" entstanden (Mennemann 2023). Hier haben Studierende unterschiedliche Disziplintheorien mit Blick auf ein Fallbeispiel aus der Betrieblichen Sozialen Arbeit diskutiert. So konnte der unterschiedliche Blick auf psycho-soziale Wirklichkeit, der mit Hilfe von Disziplintheorien entwickelt werden kann, herausgearbeitet und besprochen werden.

Mit Hilfe von Disziplintheorien können auch Konzepte für die eigene praktische Tätigkeit (weiter-)entwickelt werden. Dazu werden zunächst passende Disziplintheorien mit Blick auf ein ausgewähltes Handlungsfeld oder eine konkrete Tätigkeit in einem Handlungsfeld bestimmt. Im Ergebnis entstehen konkrete disziplintheoretisch fundierte und weiterentwickelte Konzepte (Mennemann 1999). Disziplintheorien werden dann häufig mit Middle-Range-Theorien, die sich auf Handlungsfelder beziehen, in Verbindung gebracht.

Der Bezug von Disziplintheorien zu eigenen, drängenden, gesellschaftlich relevanten Fragestellungen kann häufig ein gewinnbringender Motor zur Auseinandereinsetzung mit Disziplintheorien sein. Das kann beispielsweise in Fragen zum Umgang mit der Ökologiekrise, mit Migrationserfahrungen und -strömungen, mit Resilienz in Krisensituationen oder mit dem gesellschaftlichen Umgang mit queerer Lebensrealität der Fall sein. Hier können äußerst hilfreiche kritische Auseinandersetzungen und eigene Weiterentwicklungen entstehen.

Dieser Überblick über Disziplintheorien verfolgt die Anliegen, aufzuklären über die Bedeutung von Theorien für Selbstreflexion und praktisches Handeln sowie einen Anreiz zu geben, selbsttätig in das Theoriestudium vertieft einzusteigen. Der in dieser Einführung eingeführte, inhaltlich beschreibbare Weg zum Selbststudium im Umgang mit Disziplintheorien Sozialer Arbeit lässt sich in den folgenden Schritten darstellen:

- ein präziseres Wissen über Inhalte und Funktionen von Disziplintheorien erwerben
- sich einen ersten groben Überblick über Disziplintheorien verschaffen, um reizvolle Inhalte für sich zu entdecken oder bildlich gesprochen: einen „Anker zu werfen". Dazu gehört das Studieren dieses Textes, weiterer Sekundärliteratur, die Kurzeinführungen in Disziplintheorien gewährt, sowie Primärliteratur
- Vertiefung einer oder mehrerer Disziplintheorien mit dem Ziel, das eigene Bewusstsein anzureichern und zu verändern
- Anwendung der Inhalte und kritische Besprechung der Disziplintheorie(n). Dabei meint das Wort „kritein" (in der Übersetzung aus dem Griechischen) unterscheiden: Gültiges von nicht Gültigem, für sich selbst Integrierbares von nicht Integrierbarem usw.. Für den eigenen Aneignungsprozess ist es hilfreich, eine eigene Sprache zu den Theorien im mündlichen Gespräch oder/und schriftlich zu finden
- eine Übertragung der Theorie auf Praxisbeispiele oder auf gesellschaftliche Herausforderungen; ein Vergleich von zwei und mehr Disziplintheorien führt zudem zu einem kreativen, weiterentwickelnden Umgang mit Disziplintheorien

Bildungsdidaktisch lassen sich die folgenden Phasen unterscheiden:

- Anstöße und Impulse zum ersten Verstehen von Disziplintheorien über Texte
- Hinweise zum Selbststudium zur Weiterentwicklung und Klärung des professionellen Verstehens von sozialer Wirklichkeit und der Handlungsmöglichkeiten in ihr
- möglichst offene kritische Diskussion in Gruppen, um eine eigene Sprache zu finden, Reichweiten von Inhalten und Argumenten zu erkennen und ein immer differenzierteres Denken in Strukturen zu entwickeln
- Kritische Anwendung und Weiterentwicklung der Disziplintheorien.

Im Studium ist die Zeit in einem Theoriemodul begrenzt und auf eine Prüfungsleistung ausgerichtet. Sie wird für die meisten Studierenden zu kurz sein, sich intensiv mit mehreren Theorien angemessen auseinanderzusetzen. Und die Prüfungsorientierung stellt für viele wahrscheinlich (zu) schnell die Frage nach der Verwertbarkeit, anstatt zunächst in eine neugierige, selbst weiter recherchierende Offenheit zu führen. So drückt die Prüfungsleistung nur einen ersten Zwischenstand des erreichten Wissens aus.

Konkrete Prüfungsaufgaben können beispielsweise sein:

- Herausarbeitung der Wahrnehmungs- und Handlungsinhalte einer Disziplintheorie und Anwendung auf ein Fallbeispiel
- Darstellung und kritische Diskussion zweier Disziplintheorien
- Benennung einer gesellschaftlichen Herausforderung, Aufarbeitung der Inhalte einer Disziplintheorie mit Blick auf diese Herausforderung und kritische Besprechung

- Weiterentwicklung einer Disziplintheorie
- Weiterentwicklung eines disziplintheoriebasierten Handlungsfeld- oder Organisationskonzeptes
- Begründung identitätsstiftender Inhalte aus einer oder mehreren Disziplintheorien bzw. Entwicklung eines eigenen disziplintheoretisch begründbaren Verständnisses von Sozialer Arbeit.

Im Bewusstsein lebendig gewordene (Disziplin-)Theorien eröffnen (neue) Zugänge des Verstehens zu sozialer Wirklichkeit und regen an, weiterzudenken und soziales Handeln im Prozess zu beobachten. Sie stärken die Profession, indem sie (neue) Verstehens- und Handlungsmöglichkeiten eröffnen.

Literaturverzeichnis

1. Verwandte Literatur

Abels, Heinz (2010): Interaktion, Identität, Präsentation – Kleine Einführung in interpretative Theorien der Soziologie. 5. Auflage. Wiesbaden. VS Verlag für Sozialwissenschaften.

Adorno, Theodor W. u.a. (1972): Der Positivismusstreit in der deutschen Soziologie. Luchterhand: Darmstadt/Neuwied.

Aghamiri, Kathrin; Streck, Rebekka; Unterkofler, Ursula (2023): Handlungsfeldübergreifend beobachten und rekonstruieren: Doing Social Work als theoriebildende Perspektive auf Soziale Arbeit. In: Köttig, Michaela; Kubisch, Sonja; Spatscheck, Christian (Hrsg): Geteiltes Wissen – Wissensentwicklung in Disziplin und Profession Sozialer Arbeit. Verlag Barbara Budrich GmbH: Opladen, Berlin, Toronto, S. 55-66.

Bachelard, Gaston (2011): Poetik des Raumes (1957). Fischer Taschenbuch Verlag: Frankfurt am Main.

Beck, Ulrich (1986): Risikogesellschaft. Auf dem Weg in eine andere Moderne. Suhrkamp: Frankfurt am Main.

Best, Laura (2023): Professionelle Beziehungsgestaltung in der Sozialen Arbeit. Kohlhammer: Stuttgart.

Blumenberg, Hans (2010): Theorie der Lebenswelt. Suhrkamp: Berlin.

Blumenberg, Hans (2015): Paradigmen zu einer Metaphorologie. 6. Aufl. Berlin: Suhrkamp: Frankfurt am Main.

Blumenberg, Hans (2016): Höhlenausgänge. 5. Auflage Suhrkamp: Frankfurt am Main.

Böhnisch, Lothar (2008): Sozialpädagogik der Lebensalter. Eine Einführung. 6., überarbeitete Auflage, Beltz Juventa: Weinheim Basel.

Böhnisch, Lothar; Schröer, Wolfgang: Soziale Arbeit – eine problemorientierte Einführung. Verlag Julius Klinkhardt: Bad Heilbrunn.

Böhnisch, Lothar (2016): Lebensbewältigung. Ein Konzept für die Soziale Arbeit. Beltz Juventa: Weinheim Basel.

Borrmann, Stefan (2016): Theoretische Grundlagen der Sozialen Arbeit. Ein Lehrbuch. Beltz Juventa: Weinheim.

Brockmann, Dirk (2021): Im Wald vor lauter Bäumen. Unsere komplexe Welt besser verstehen. DTV Verlagsgesellschaft: München.

DBSH (2014): Deutschsprachige Definition Sozialer Arbeit. Online: https://www.dbsh.de/profession/definition-der-sozialen-arbeit/deutsche-fassung.html. (Zugriff: 29.06.2023)

Dewe, Bernd/Otto, Hans-Uwe (2012): Reflexive Sozialpädagogik. In: Thole, Werner: Grundriss Soziale Arbeit. Ein einführendes Handbuch. 4. Auflage, VS Verlag: Wiesbaden, S. 197-218.

Dewe, Bernd/ Otto, Hans-Uwe (2018): Wissenschaftstheorie. In: Otto, Hans-Uwe/ Thiersch, Hans/ Treptow, Rainer/ Ziegler, Holger (Hrsg.) (2018): Handbuch Soziale Arbeit. Grundlagen der Sozialarbeit und Sozialpädagogik. München. Ernst Reinhardt Verlag. S. 1836.

Eichinger, Ulrike; Smykalla, Sandra (2023): Mapping Theorien Sozialer Arbeit – (macht-)Kritische und konfliktorientierte Perspektiven auf aktuelle Ordnungsversuche in Lehrbüchern. In: Köttig, Michaela; Kubisch, Sonja; Spatscheck, Christian (Hrsg): Geteiltes Wissen – Wissensentwicklung in Disziplin und Profession Sozialer Arbeit. Verlag Barbara Budrich GmbH: Opladen, Berlin, Toronto, S. 79-90.

Foucault, Michel (1993): Andere Räume (1967). In: Barck, Karlheinz (Hrsg.): Aisthesis: Wahrnehmung heute oder Perspektiven einer anderen Ästhetik. Essais. 5., durchgesehene Auflage, Reclam: Leipzig, S. 43-46.

Foucault, Michel (2022): Überwachen und Strafen. Die Geburt des Gefängnisses. 19. Auflage. Suhrkamp: Frankfurt am Main.

Füssenhäuser, Cornelia; Thiersch, Hans (2015): Theorie und Theoriegeschichte Soziale Arbeit. In: Otto, Hans Uwe; Thiersch, Hans (Hrsg.): Handbuch Soziale Arbeit. Grundlagen der Sozialarbeit und Sozialpädagogik. 5. Aufl. Ernst Reinhardt: München/Base., S. 1741-1754.

Füssenhäuser, Cornelia (2015): Theoriekonstruktion und Positionen der Sozialen Arbeit. In: Otto, Hans Uwe; Thiersch, Hans (Hrsg.): Handbuch Soziale Arbeit. Grundlagen der Sozialarbeit und Sozialpädagogik. 5. Aufl. Ernst Reinhardt: München/Basel, S. 1755-1770.

Frankl, Viktor (2015): … trotzdem Ja zum Leben sagen. Ein Psychologe erlebt das Konzentrationslager, 7. Auflage, Kösel: München.

Fromm, Erich (1989): Das Gesellschaftliche Unbewußte (1962). In: Erich Fromm Gesamtausgabe. Band IX: Sozialistischer Humanismus und humanistische Ethik. München, S. 96-125.

Gahleitner, Silke Birgitta (2017): Soziale Arbeit als Beziehungsprofession. Bindung. Beziehung und Einbettung professionell ermöglichen. Beltz Juventa: Weinheim Basel.

Geißler, Karlheinz A.; Hege, Marianne (1991): Konzepte sozialpädagogischen Handelns. Ein Leitfaden für soziale Berufe. 5. Aufl. Beltz: Weinheim und Basel.

Goffman, Erving (2016): Asyle. Über die soziale Situation psychiatrischer Patienten und anderer Insassen. 20. Auflage. Suhrkamp: Frankfurt am Main, S. 13-125.

Habermas, Jürgen (1995): Theorie des kommunikativen Handelns. Band I. Handlungsrationalität und gesellschaftliche Rationalisierung. Suhrkamp Verlag: Frankfurt am Main.

Hamburger, Franz (2003): Einführung in die Sozialpädagogik. Kohlhammer. Stuttgart.

Hammerschmidt, Peter; Aner, Kirsten (2022): Zeitgenössische Theorien der Sozialen Arbeit. 3., überarbeitete und erweiterte Auflage. Belz Juventa: Weinheim Basel.

Hammerschmidt, Peter; Stecklina, Gerd (2023): Klassische Theorien der sozialen Arbeit. Belz Juventa: Weinheim Basel.

Harmsen, Thomas (2014): Professionelle Identität im Bachelorstudium Soziale Arbeit. Konstruktionsprinzipien, aneignungsformen und hochschuldidaktische Herausforderungen. Springer VS: Wiesbaden.

Heiner, Maja (2010): Kompetent handeln in der Sozialen Arbeit. Ernst Reinhardt: München.

Kahneman, Daniel: Schnelles Denken, langsames Denken (2011). Aus dem amerikanischen Englisch von Thorsten Schmidt. 13. Aufl. Siedler Verlag: München.

Kessl, Fabian (2011): Sozialraumorientierung – einige Anmerkungen zur Diskussion. In: Vierteljahreszeitschrift Behindertenpädagogik 3, 290-301.

Keupp, Heiner (1999): Identitätskonstruktionen. Das Patchwork der Identitäten in der Spätmoderne. Rowohlt: Reinbek.

Kleve, Heiko (2000): Die Sozialarbeit ohne Eigenschaften. Fragmente einer postmodernen Professions- und Wissenschaftstheorie Sozialer Arbeit. Freiburg im Breisgau: Lambertus-Verlag.

Kleve, Heiko u.a.: Systemisches Case Management. Falleinschätzung und Hilfeplanung in der Sozialen Arbeit mit Einzelnen und Familien - methodische Anregungen. Dr. Heinz Kersting Verlag: Aachen 2003.

Kleve, Heiko (2016): Komplexität gestalten. Soziale Arbeit und Case-Management mit unsicheren Systemen. Carl Auer: Heidelberg.

Kosik, Karel (1970): Die Dialektik des Konkreten. Eine Studie zur Problematik des Menschen und der Welt. Suhrkamp: Berlin.

Lambers, Helmut (2010): Wie aus Helfen Soziale Arbeit wurde. Die Geschichte der Sozialen Arbeit. Klinkhardt: Bad Heilbrunn.

Lambers, Helmut (2020): Theorien der Sozialen Arbeit. Ein Kompendium und Vergleich. 5. Auflage. Barbara Budrich: Opladen und Toronto.

Langenscheidt (2023): Professio. Online: https://de.langenscheidt.com/latein-deutsch/profes sio. (Zugriff:29.06.2023)

Levinas, Emmanuel (2012): Die Spur des Anderen: Untersuchungen zur Phänomenologie und Sozialphilosophie. Herausgegeben von Wolfgang N. Krewani. 6. Auflage. Alber Studienausgabe: Freiburg i.Br..

Luhmann, Niklas (2015): Soziale Systeme. Grundriß einer allgemeinen Theorie. 16. Auflage Suhrkamp: Frankfurt am Main.

Hammerschmidt, Peter; Aner, Kirsten; Weber, Sascha (2017): Zeitgenössische Theorien Sozialer Arbeit. Beltz Juventa, Weinheim/Basel.

Khella, Karam (1982): Handbuch der Sozialarbeit und Sozialpädagogik. 1. Band: Einführung in Sozialarbeit und Sozialpädagogik, 1. Teil: Gesellschaftliche Grundlagen. Theorie-und-Praxis-Verlag: Hamburg.

Kleve Heiko (2000): Die Sozialarbeit ohne Eigenschaften. Fragmente einer postmodernen Professions- und Wissenschaftstheorie Sozialer Arbeit. Lambertus: Freiburg. i.Br..

Kleve, Heiko (2007): Postmoderne Sozialarbeit. Ein systemtheoretisch-konstruktivistischer Beitrag zur Sozialarbeitswissenschaft. 2., durchgesehene Auflage, Wiesbaden

Kleve, Heiko (2016): Komplexität gestalten. Soziale Arbeit und Case-Management mit unsicheren Systemen. Carl-Auer: Heidelberg.

Lee, Jong-Seo (1989): Der Pädagogische Bezug. Eine systematische Rekonstruktion der Theorie des Pädagogischen Bezugs bei H. Nohl unter Berücksichtigung der Kritiken und neuerer Ansätze. Haag und Herchen: Frankfurt am Main.

Luhmann, Niklas (2015): Soziale Systeme. Grundriss einer allgemeinen Theorie. 16. Auflage, Suhrkamp: Frankfurt a.M..

Luhmann, Niklas (2018): Die Gesellschaft der Gesellschaft. 2 Teilbände. 10. Auflage, Suhrkamp: Frankfurt a.M..

Lyotard, Jean-Francois (2019): Das postmoderne Wissen. Ein Bericht herausgegeben von Peter Engelmann, übersetzt von Otto Pfersmann. 9., überarbeitete Auflage, Passagen Verlag: Wien.

May, Michael (2010): Aktuelle Theoriediskurse Sozialer Arbeit. Eine Einführung. 3. Aufl. Springer VS: Wiesbaden.

May, Michael; Schäfer, Arne (Hrsg.) (2018): Theorien für die Soziale Arbeit. Nomos: Baden-Baden.

Mead, George H. (2017): Geist, Identität und Gesellschaft. 17 Auflage Suhrkamp: Frankfurt am Main.

Mennemann, Hugo (Hrsg.) (2023): Betriebliche Soziale Arbeit – wie Theorien die Praxis stärken. Belz Juventa: Weinheim/Basel.

Mennemann, Hugo; Dummann, Jörn (2022): Einführung in die Soziale Arbeit. 4. aktualisierte und erweiterte Aufl. Nomos: Baden Baden.

Mennemann, Hugo (1999): Diplom-PädagogInnen in der sozialen Altenarbeit. Impulse aus einem Studienprojekt. Lit: Münster/Hamburg/London.

Mennemann, Hugo (1998): Sterben lernen heißt leben lernen. Sterbebegleitung aus sozialpädagogischer Perspektive. Lit: Münster, Teil I: Theoretische Überlegungen zu einer sozialpädagogischen Perspektive.

Mollenhauer, Klaus: Einführung in die Sozialpädagogik. Probleme und Begriffe der Jugendhilfe. Beltz Verlag: Weinheim und Basel, 9., unveränderte Aufl. 1991.

Niemeyer, Christian (2018): Pädagogischer Bezug. In: Otto, Hans-Uwe/ Thiersch, Hans/ Treptow, Rainer/ Ziegler, Holger (2018): Handbuch Soziale Arbeit. Grundlagen der Sozialarbeit und Sozialpädagogik. 6. überarbeitete Auflage. München. Erst Reinhardt Verlag, S. 11117-11125.

Otto, Maria A.C. (1992): Der Ort. Phänomenologische Variationen. Verlag Karl Alber: Freiburg/München.

Rauschenbach, Thomas; Züchner, Ivo (2012): Theorie der Sozialen Arbeit. In: Thole, Werner (Hrsg.): Grundriss Soziale Arbeit. Ein einführendes Handbuch. 4. Aufl. VS Verlag: Wiesbaden, S. 151-173.

Rousseau, Jean-Jacques (2010): Emil oder über die Erziehung (1762). Anaconda Verlag: Köln.

Sandermann, Philipp; Neumann, Sascha ((2)2022): Grundkurs Theorien der Sozialen Arbeit. 2. aktualisierte Aufl. Ernst Reinhardt: München.

Schaarschuch, Andreas (1999): Theoretische Grundelemente Sozialer Arbeit als Dienstleistung. Ein analytischer Zugang zur Neuorientierung Sozialer Arbeit. In: Neue Praxis 29 (6), S. 543-560.

Schilling, Johannes/ Klus, Sebastian (2018): Soziale Arbeit, Geschichte – Theorien – Profession. 7. Auflage. München: Verlag Barbara Budrich (utb).

Schwabe (2023): Theorie. Historisches Wörterbuch der Philosophie online. Online: https://www.schwabeonline.ch/schwabe-xaveropp/elibrary/start.xav?start=%2F%2F%2A%5B%40attr_id%3D%27verw.theorie%27+and+%40outline_id%3D%27hwph_verw.theorie%27%5D. (Zugriff: 03.06.2023)

Staub-Bernasconi, Silvia (2007): Soziale Arbeit als Handlungswissenschaft. Systemtheoretische Grundlagen und professionelle Praxis – Ein Lehrbuch. Haupt Verlag: Bern/Stuttgart/Wien.

Staub-Bernasconi (2018): Soziale Probleme, Soziale Arbeit und systemisches Paradigma. Auf dem Weg zur Sozialen Arbeit als kritischer Profession. In: May, Michael; Schäfer, Arne (Hrsg.): Theorien für die Soziale Arbeit. Nomos: Baden-Baden, S. 59-84.

Staub-Bernasconi, Silvia (2019): Menschenwürde – Menschenrechte – Soziale Arbeit. Die Menschenrechte vom Kopf auf die Füße stellen. Barbara Budrich: Opladen/Berlin/Toronto.

Stemmer-Lück, Magdalena (2004): Beziehungsräume in der sozialen Arbeit. Psychoanalytische Theorien und ihre Anwendung in der Praxis. Kohlhammer: Stuttgart.

Thiersch, Hans (1978): Die hermeneutisch-pragmatische Tradition der Erziehungswissenschaft. In: Ders.; Ruprecht, Horst; Herrmann, Ulrich (Hrsg.): Die Entwicklung der Erziehungswissenschaft. Juventa: Weinheim München, S. 11-109.

Thiersch, Hans (2006): Die Erfahrung der Wirklichkeit. Perspektiven einer alltagsorientierten Sozialpädagogik. Juventa: Weinheim München.

Thiersch, Hans (2014): Lebensweltorientierte Soziale Arbeit. Aufgaben der Praxis im sozialen Wandel. 9. Auflage, Belz Juventa: Weinheim Basel.

Thiersch, Hans (2020): Lebensweltorientierte Soziale Arbeit - revisited. Grundlagen und Perspektiven. Beltz Juventa: Weinheim Basel.

Thole, Werner (2012): Die Soziale Arbeit – Praxis, Theorie, Forschung und Ausbildung. Versuch einer Standortbestimmung. In: Thole, Werner (Hrsg.): Grundriss Soziale Arbeit. Ein einführendes Handbuch. 4. Aufl. VS Verlag: Wiesbaden, S. 19-72.

Wendt, Wolf Rainer (1982): Ökologie und soziale Arbeit. Enke: Stuttgart.

Wendt, Wolf Rainer (2010): Das ökosoziale Prinzip. Soziale Arbeit, ökologisch verstanden. Lambertus: Freiburg i.Br..

Wendt, Wolf Rainer (2015): Case Management im Sozial- und Gesundheitswesen. Eine Einführung. 6. Auflage, Lambertus: Freiburg i.Br..

Wendt, Wolf Rainer (2017): Geschichte der Sozialen Arbeit 2. Die Profession im Wandel ihrer Verhältnisse. 2. Auflage. Wiesbaden Springer Fachmedien

Wendt, Wolf Rainer (2019): Die Ordnung der Welt in Haus und Statt. Gesellschaftliche Steuerung im westöstlichen Vergleich. Springer VS: Wiesbaden.

Wendt, Wolf Rainer (2021): Sorgen und wirtschaften. Zur Ökologie sozialer und ökonomischer Daseinsgestaltung. Springer VS: Wiesbaden.

Wendt, Wolf Rainer (2023): Wirtliche Verhältnisse. Zur Ökologie lebensgemeinschaftlicher und individueller Existenz. Nomos: Baden-Baden.

Winkler, Michael (1984): Pädagogische Denktradition und Handlungskompetenz - Längere Notiz im Blick auf eine mögliche Theorie der Sozialpädagogik (1). In: Müller, Siegfried u.s. (Hrsg.): Handlungskompetenz in der Sozialarbeit, Sozialpädagogik II. Theoretische Konzepte und gesellschaftliche Strukturen. AJZ Verlag: Bielefeld, S. 215-230.

Winkler, Michael (1988): Eine Theorie der Sozialpädagogik: über Erziehung als Rekonstruktion der Subjektivität. Klett-Cotta: Stuttgart.

Winkler, Michael (2021): Eine Theorie der Sozialpädagogik. Neuausgabe mit einem neuen Nachwort. Herausgegeben von Gaby Flösser und Marc Witzel. Beltz Juventa: Weinheim/Basel.

2. Empfohlene Primärliteratur zu Theoretikerinnen und Theoretikern (alphabetisch geordnet)

Addams, Laura Jane (1913): Zwanzig Jahre sozialer Frauenarbeit in Chicago. Geleitwort von Alice Salomon. Beck: München.

Lambers, Helmut (2020): Laura Jane Addams: Demokratisierung, Friedensgestaltung und soziale Gerechtigkeit. In: Ders.: Theorien der Sozialen Arbeit. Ein Kompendium und Vergleich. Verlag Barbara Budrich: Opladen Toronto, S. 40-45.

Arlt, Ilse (1921): Die Grundlagen der Fürsorge. In: Maiss, Maria (Hrsg.) (2010): Werkausgabe Ilse Arlt. Bd. 1. LIT: Wien, S. 17-51.

Bäumer, Gertrud (1929): Die historischen und sozialen Voraussetzungen der Sozialpädagogik und die Entwicklung ihrer Theorie. In: Nohl, Herman; Pallat, Ludwig (Hrsg.): Handbuch der Pädagogik, Bd. V: Sozialpädagogik. Beltz: Langensalza, S. 3-26.

Böhnisch, Lothar (2012): Lebensbewältigung. In: Thole, Werner (Hrsg.) (2012). Grundriss Soziale Arbeit. Ein einführendes Handbuch. 4. Auflage. VS Verlag für Sozialwissenschaften: Wiesbaden, S. 219-233.

Bommes, Michael und Scherr, Albert (2000): Soziale Arbeit, sekundäre Ordnungsbildung und die Kommunikation unspezifischer Hilfsbedürftigkeit. In: Merten, Roland (Hrsg.): Systemtheorie Sozialer Arbeit. Neue Ansätze und veränderte Perspektiven. Leske+ Budrich: Opladen, S. 67-86.

Scherr, Albert (2012): Sozialarbeitswissenschaft. In: Thole, Werner (Hrsg.) (2012). Grundriss Soziale Arbeit. Ein einführendes Handbuch. 4. Auflage. VS Verlag für Sozialwissenschaften: Wiesbaden, S. 283-296. *(Alternativtext)*

Dewe, Bernd und Otto, Hans-Uwe (2012): Reflexive Sozialpädagogik. In: Thole, Werner (Hrsg.): Grundriss Soziale Arbeit. Ein einführendes Handbuch. 4. Auflage. Wiesbaden. VS Verlag für Sozialwissenschaften. S. 197-217.

Geißler, Karlheinz A. und Hege, Marianne (1991): Konzepte sozialpädagogischen Handelns. Ein Leitfaden für soziale Berufe. 5. Auflage. Beltz: Weinheim Basel, S. 227-246.

Germain, Carel B. und Gitterman, Alex (1999): Praktische Sozialarbeit. Das „Life Model" der Sozialen Arbeit. Fortschritte in Theorie und Praxis. 3., völlig neu bearbeitete Auflage Enke: Stuttgart, S. 5-34.

Hosemann, Wilfried und Geiling, Wolfgang *(2021): Einführung in die Systemische Soziale Arbeit. 2. Auflage.* Ernst Reinhardt Verlag: München.

Hosemann, Wilfried (2013): Systemische Soziale Arbeit und demokratische Kommunikation - Anmerkungen zum Stellenwert von Interessen und Krisen. In: Geisen, Thomas; Kessl, Fabian; Olk, Thomas; Schnurr, Stefan (Hrsg.): Soziale Arbeit und Demokratie. Springer VS: Wiesbaden 2013, S. 145-165.

Kessl, Fabian (2006): Soziale Arbeit als Regierung. Eine machtanalytische Perspektive. In: Weber, Susanne; Maurer, Susanne (Hrsg.): Gouvernementalität und Erziehungswissenschaft. Wissen – Macht – Transformation. VS Verlag: Wiesbaden, S. 63-75.

Khella, Karam (1974): Theorie und Praxis der Sozialarbeit und Sozialpädagogik. 1. Teil. Einführung. Theorie und Praxis Verlag: Hamburg.

Hammerschmidt, Peter; Aner, Kirsten (2022): Soziale Arbeit als revolutionäre Praxis. In: Dies: Zeitgenössische Theorien der Sozialen Arbeit. 3., überarbeitete und erweiterte Auflage. Beltz Juventa: Weinheim Basel, S. 97-104.

Kleve, Heiko *(2005): Der systemtheoretische Konstruktivismus: Eine postmoderne Bezugstheorie Sozialer Arbeit. In: Hollstein-Brinkmann, Heino; Staub-Bernasconi, Silvia*

(Hrsg.): *Systemtheorien im Vergleich. Was leisten Systemtheorien für die Soziale Arbeit? Versuch eines Dialogs. VS Verlag für Sozialwissenschaften: Wiesbaden, S. 63- 92.*

Klumker, Christian Jasper (1918): Fürsorgewesen. Einführung in das Verständnis der Armut und der Armenpflege. Quelle & Meyer: Leipzig, S. 5-28.

Kraus, Björn (2019): Relationaler Konstruktivismus – Relationale Soziale Arbeit. Von der systemisch- konstruktivistischen Lebensweltorientierung zu einer relationalen Theorie der Sozialen Arbeit. Beltz Juventa: Weinheim Basel, S. 30- 43.

Lowy, Louis (1983): Sozialarbeit, Sozialpädagogik als Wissenschaft im angloamerikanischen und deutschsprachigen Raum: Stand und Entwicklung. Lambertus: Freiburg im Breisgau.

Greenhouse Gardella, Lorrie (2019): Louis Lowy. Sozialarbeit unter extremen Bedingungen. Lehren aus dem Holocaust. Lambertus: Freiburg im Breisgau, S. 184-200.

Miller, Tilly (2001): Systemtheorie und Soziale Arbeit. Entwurf einer Handlungstheorie. 2. Überarbeitete und erweiterte Auflage. Lucius und Lucius: Stuttgart, S. 182-207.

Mollenhauer, Klaus (1998): Was heißt „Sozialpädagogik"? In: Thole, W.; Gängler, H.; Galuske, M. (Hrsg.): KlassikerInnen der Sozialen Arbeit. Sozialpädagogische Texte aus zwei Jahrhunderten. Luchterhand: Neuwied, S. 307-322.

Natorp, Paul (1908): Sozialpädagogik. In: Rein, Wilhelm (Hrsg.): Encyklopädisches Handbuch der Pädagogik. 8 Bd. 2 Auflage. H. Beyer & Söhne: Langensalza, S. 675-682.

Nohl, Herman (1998, ursprünglich 1949): Die geistigen Energien der Jugendwohlfahrtsarbeit. In: Thole, Werner; Galuske, Michale; Gängler, Hans (Hrsg.): KlassikerInnen der sozialen Arbeit. Sozialpädagogische Texte aus zwei Jahrhunderten - ein Lesebuch. Luchterhand: Neuwied, S. 139-182.

Haag, Fritz; Parow, Eduard; Pongratz, Liselotte; Rehn, Gerhard (1973): Überlegungen zu einer Metatheorie der Sozialarbeit. In: Otto, Hans-Uwe; Schneider, Siegfried (Hrsg.): Gesellschaftliche Perspektiven der Sozialarbeit. Band 1. Luchterhand: Neuwied, 167-192.

Richmond, Mary (1917): Social Diagnosis. Russel Sage Foundation: New York 1917.

Lambers, Helmut (2020): Mary Ellen Richmond: Soziale Diagnostik und Selbsthilfe. In: Ders.: Theorien der Sozialen Arbeit. Ein Kompendium und Vergleich. 5., überarbeitete Auflage. Verlag Barbara Budrich: Opladen Toronto, S. 31-40.

Ritscher, Wolf *(2022): Systemische Modelle für die Soziale Arbeit. Ein integratives Lehrbuch für Theorie und Praxis. Siebte Auflage. Carl-Auer Verlag: Heidelberg, S. 16-21.*

Röh, Dieter *(2013): Soziale Arbeit, Gerechtigkeit und das gute Leben. Eine Handlungstheorie zur daseinsmächtigen Lebensführung. Springer VS: Wiesbaden. S. 177-182.*

Rössner, Lutz (1971): Entwurf einer Theorie der Sozialarbeit. In: Archiv für Wissenschaft und Praxis der sozialen Arbeit 2, S. 196-223.

Salomon, Alice (1928): Leitfaden der Wohlfahrtspflege. 3. Auflage, Teubner: Leipzig Berlin, S. 1-13.

Scherpner, Hans (1962): Theorie der modernen Fürsorge. Vandenhoeck & Ruprecht: Göttingen, S. 17-22 und erweitert: S. 122-185.

Scheu, Bringfriede und Autrata, Otger (2011): Theorie Sozialer Arbeit. Gestaltung des Sozialen als Grundlage. VS Verlag für Sozialwissenschaften: Wiesbaden, S. 284-297.

Schönig, Werner (2013): Soziale Arbeit als Intervention und Modus der Sozialpolitik. In: Benz, Benjamin; Rieger, Günter; Schönig, Werner; Többe-Schukalla, Monika (Hrsg.): Politik Sozialer Arbeit. Band 1: Grundlagen, theoretische Perspektiven und Diskurse. Beltz Juventa: Weinheim Basel, S. 32-53.

Sommerfeld, Peter (2013): Die Etablierung der Sozialen Arbeit als Handlungswissenschaft – ein notwendiger und überfälliger Schritt für die Professions- und Wissenschaftsentwicklung. In: Birgmeier, Bernd; Mührel, Eric (Hrsg.): Handlung in Theorie und Wissenschaft Sozialer Arbeit. Springer VS: Wiesbaden, S. 155-172.

Staub-Bernasconi, Silvia (2018): Soziale Probleme, Soziale Arbeit und Systemisches Paradigma. Auf dem Weg zur Sozialen Arbeit als kritische Profession. In: May, Michael/ Schäfer, Arne (Hrsg.): Theorien für die Soziale Arbeit. Nomos: Baden-Baden, S. 59-84.

Thiersch, Hans (2020): Lebensweltorientierte Soziale Arbeit - revisited: Aufgaben der Praxis im sozialen Wandel. Beltz Juventa: Weinheim Basel, S. 88-96.

Grundwald, Klaus; Thiersch, Hans: Lebensweltorientierung (2018). In: Otto, Hans-Uwe/ Thiersch, Hans/ Treptow, Rainer/ Ziegler, Holger: Handbuch Soziale Arbeit. Grundlagen der Sozialarbeit und Sozialpädagogik. 6. überarbeitete Auflage. Erst Reinhardt Verlag: München, S. 906-915. *(Alternativtext)*

Wendt, Wolf Rainer (2021): Sorgen und wirtschaften. Zur Ökologie sozialer und ökonomischer Gestaltung (2021). Springer VS: Wiesbaden, S. 1-15.

Winkler, Michael (2021, ursprünglich 1988): Eine Theorie der Sozialpädagogik. Neuausgabe mit einem neuen Nachwort. Beltz Juventa: Weinheim Basel, S. 249-266.

Wirth, Jan V. (2023): Lebensführung. In: Wirth, Jan V./ Kleve, Heiko (Hrsg.): Lexikon des systemischen Arbeitens. Grundbegriffe der systemischen Praxis, Methodik und Theorie. 2. überarbeitete Auflage. Carl-Auer Verlag: Heidelberg, S. 284-287.

Holger Ziegler (2018): Der Capabilities Ansatz (und andere Elemente einer materialistisch-emanzipatorischen Theorie Sozialer Arbeit). In: May, Michael; Schäfer, Arne (Hrsg.): Theorien für die Soziale Arbeit. Nomos: Baden-Baden, S. 127-146.

Zusätzlicher Hinweis: In den Ausführungen zum Überblick über Disziplintheorien Sozialer Arbeit findet sich eine beispielhafte Auflistung der Überblicksbücher mit Angaben zu den referierten Disziplintheoretiker:innen. In den Überblicksbüchern finden sich weitere wertvolle Hinweise auf Primär- und Sekundärliteratur der jeweiligen Theoretikerinnen und Theoretiker.

Verweise auf You-tube-Filme

- Hugo Mennemann: Bildung: https://youtu.be/7d4K_YnRHJ0

- Hugo Mennemann: Care Management (Netzwerkmanagement): https://youtu.be/NccLMdE36qw

- Hugo Mennemann: Case Management: https://youtu.be/ahzJUiwhAbc

- Hugo Mennemann: Dialektik: https://www.youtube.com/watch?v=ze-tZQcNzPQ

- Interview mit Ilya Prigogine: The end of certainty (1997) https://www.youtube.com/watch?v=rnTHCfNTHoU

Sachregister

A

Alltag 8, 26, 29, 42, 43, 68, 75, 76
Aneignung 7, 8, 21, 49, 81
Anthropologie 44
Antinomien 71
Atomismus 53, 54

B

(Begegnungs-)Raum 77, 78, 82–84
Bewältigung 44, 49, 60, 64
Bildung 7, 14, 45, 50, 58–60, 80, 81

C

Capability Approach 63
Care Management 48
Case Management 48–50, 80
Charakteristika 67, 69, 71

D

Dialektik 9, 14–16, 23, 84
Disziplin 8–11, 13, 17, 19–21, 23–31,
  33–41, 46, 47, 51, 56–58, 62, 65, 67,
  69, 71–75, 77, 78, 84, 87–89

G

Geschichte 13–16, 33

H

Hermeneutik 9, 16, 17, 26, 43
Heuristik 23
Holismus 53, 54

I

Identität 11, 24, 25, 31, 46, 50, 51, 67,
  69, 71–75, 78, 84

K

konstruktivistisch 25, 41, 49, 50, 54, 61
Konzept 13, 18, 19, 22, 28, 35, 44, 52,
  69, 71, 75, 77, 80, 87

L

Lebensführung 62–64, 84

Lebenswelt 16, 26, 29, 37, 39, 41–45, 56,
  63, 64, 74, 75, 84

M

marxistisch 29, 42, 52, 56
Methode 13, 16, 18, 19, 28, 57, 60, 71,
  81

O

Oikos 47, 49
ökosozial 39, 41, 47
Ontologie 42, 53, 54, 57, 62
Ort 27, 33, 42, 46, 56, 75, 76, 80, 81, 84

P

Positivismusstreit 15
Praxis 11, 13, 18–24, 26, 27, 30, 33, 35,
  44, 52, 57, 60–62, 64, 69, 71, 73, 74,
  87
Profession 8, 9, 11, 19, 23–25, 27–29,
  35–37, 51, 53, 55, 56, 62, 69, 72, 75,
  89
professionstheoretisch 25, 39, 42, 55, 56
Pseudokonkretheit 42, 43, 56, 75

S

sozialphänomenologisch 16, 74
Subjekt 44, 46, 56, 62, 63, 84
System 45, 49, 53, 57, 62
Systemismus 53, 54
Systemtheorie 49, 50, 57, 62, 63

T

Teilhabe 10, 45, 50, 64, 67, 68, 71, 75,
  77, 83, 84
Theorie 9, 10, 15–18, 22–27, 29, 36, 38,
  41, 43, 44, 46–52, 56, 57, 59–65, 68,
  69, 71, 73–75, 78, 80, 82, 83, 88

U

Uno-actu-Prinzip 55

Personenregister

Pädagogik für die Soziale Arbeit
Von Prof. Annette Ullrich, Ph.D., Prof. Dr. Karin E. Sauer
2021, 189 S., broschiert,
ISBN 978-3-8487-5340-6

Theorien für die Soziale Arbeit
Herausgegeben von Prof. Dr. Michael May, Prof. Dr. Arne Schäfer
2. Auflage 2021, 229 S., broschiert,
ISBN 978-3-8487-7689-4

Soziologie für die Soziale Arbeit
Von Prof. Dr. Klaus Bendel
2. Auflage 2020, 259 Seiten, broschiert,
ISBN 978-3-8487-5050-4